A

Max Scharnigg

HERRN KNIGGE GEFÄLLT DAS!

Das Handbuch für gute Manieren im Netz

Atlantik

Atlantik-Bücher erscheinen
im Hoffmann und Campe Verlag, Hamburg

Der Autor dankt Friedemann Karig
für seine Mitarbeit an dem Essay zum Netzflaneur

1. Auflage 2016
Copyright © 2016 by
Hoffmann und Campe Verlag, Hamburg
www.hoca.de www.atlantikverlag.de
Typografie und Satz:
Farnschläder & Mahlstedt, Hamburg
Gesetzt aus der Adobe Caslon
Einbandgestaltung: Hannah Kolling
© Hoffmann und Campe
Druck und Bindung: CPI books, GmbH, Leck
Printed in Germany
ISBN 978-3-455-37036-2

HOFFMANN
UND CAMPE

Ein Unternehmen der
GANSKE VERLAGSGRUPPE

I can make you put your phone down
As we cruise through the city
I can make you put your phone down
You ain't gonna text no one when you're with me
I can make you put your phone down
So you can show me attention
And I'll cut mine off too
Boy that'll help when I listen
I can make you put your phone down
Baby we don't need it
Every time you get a message
Act like you don't see it

Erykah Badu

Inhalt

Vorwort

Eine kleine Warnung an dieser Stelle. Das vorliegende Büchlein gibt weder Anleitung für den sicheren Gebrauch von Kreditkarten im Netz noch schert es sich groß um Urheberrechts- und Datenspeicherungsdebatten. Ich bin fest davon überzeugt, dass für diese drängenden und rotierenden Themen das Netz der richtige Austragungsort ist und nicht ein Buch mit der ihm angeborenen Behäbigkeit. Nein, dieses kleine Brevier will ganz im Geiste des Freiherrn von Knigge aus einiger Entfernung den Umgang der Menschen miteinander beobachten und vor allem den Veränderungen nachgehen, die dieser Umgang in den letzten zwanzig Jahren erfahren hat: im Netz und im Austausch mit den digitalen Geräten. Wie viel Knigge dabei immer noch mitreden kann, beweisen die eingestreuten Originalzitate.

Das virtuelle Leben ist fester Bestandteil unseres Alltags, ist Universalraum der Entfaltung und Begegnung geworden. Die Schwellen zwischen analogem und digitalem Erlebnis sind stark geschrumpft, man übertritt sie jeden Tag hundertfach und fast ohne es zu merken. Höchste Zeit also, die Umgangsformen und menschlichen Gepflogenheiten dieser umfassenden, neuen Welt zu erfassen und versuchsweise zu deuten.

Aus diesen Beobachtungen einfache Regeln und moralische Gesetzmäßigkeiten abzuleiten, die dem Zweifelnden vielleicht Stütze sind oder zumindest in seinen Zweifeln Gesellschaft leisten, ist das Ziel der hier folgenden Überlegungen. Eben weil es Überlegungen sind, haben sie nicht den strikten Befehlston klassischer Benimmratgeber. Aber auch, weil Strenge nicht sehr webkompatibel ist und die Grundlagen für ein Regelkorsett sich im Web ständig verändern. Der kreative Wildwuchs und das ungezügelte Miteinander der sozialen Medien sind ja gerade deswegen so anziehend, weil sie erst mal keinen Regeln folgen und jeden Monat auf einem neuen Spielplatz ausgetragen werden. Das soll auch so bleiben.

Dennoch ist es hübsch zu sehen, wie viele der Notizen, die sich Freiherr von Knigge in seinem frühen Bestseller machte, problemlos auf die virtuelle Welt und ihre Bewohner zu übersetzen sind. Standesgrenzen und höfische Umgangsformen mögen längst der Vergangenheit angehören, aber die Gefühle beim Senden und Empfangen von zwischenmenschlichen Botschaften sind immer noch die gleichen. Knigges Grundsätze für gutes gemeinsames Auskommen haben deshalb auch nach 240 Jahren noch Gültigkeit und Notwendigkeit – gerade weil grundlegende Elemente der Höflichkeit, des Hausverstandes und des guten Stils unter virtuellen Bedingungen noch schneller erodieren als auf der Straße: Langweile nicht! Sprich nicht immer nur von dir! Respektiere die Meinungen anderer!

An wen wären diese alten Knigge-Grundsätze passender adressiert als an eine Gesellschaft von Ich-Performern, die zwar ständig in Interaktion mit anderen treten – dabei aber doch immer mit sich allein sind?

Einladung

Jens Plüm möchte dich zu Google+ hinzufügen. Heike Hortbart hat dich zu LinkedIn eingeladen. Derlei Botschaften erreichen einen heute weit regelmäßiger als Einladungen zu einem Segeltörn auf der Ägäis oder zu einem zünftigen Umtrunk. Diese Lockrufe in eine andere Plattform oder ein neues Verzeichnis sind wohl vorwiegend nett gemeint. Sie sind sozusagen Ausdruck eines digitalen Vermissens. Den Empfänger bringen sie aber oft in eine recht unkommode Zwickmühle. Zunächst mal sind sie eine unfreiwillige Unterbrechung. Um der Einladung zu folgen, muss er sich über das Medium informieren, nachlesen, Meinungen einholen, Speicherplatz freigeben, abwägen. Er muss die Registriermodalitäten durchstehen und findet sich am Ende womöglich in einer Umgebung wieder, die er weder benötigt noch begreift, aber immerhin: Er hat hier einen Freund und ist jetzt ihm zuliebe um ein paar Newsletter und sonstige Netzzwänge reicher geworden.

Es ist also eigentlich eine zutiefst egoistische Idee, derlei ohne Ankündigung oder nähere Erklärung in die Welt zu senden, in der vagen Annahme, der andere habe schon noch Kapazitäten für ein neues System oder eine neue Welt frei. Man sollte solche Absichten also immer erst mal persönlich ankündigen und die Vorteile für den anderen betonen. Besteht dann Interesse, steht der Einladung nichts mehr im Weg.

Ähnlich verhält es sich mit prämienbewehrten Einladungen auf Verkaufsseiten, von denen sich ja vor allem der Einladende und der Verkäufer etwas versprechen, der arglos Angeworbene aber zunächst wenig profitiert.

Würde man im echten Leben seinen Freund an den aufdringlichen Teppichverkäufer ausliefern? Wohl eher nicht.

*K*eine Regel ist so allgemein, keine so heilig zu halten, keine führt so sicher dahin, uns dauerhafte Achtung und Freundschaft zu erwerben, als die: unverbrüchlich, auch in den geringsten Kleinigkeiten, Wort zu halten, seiner Zusage treu, und stets wahrhaftig zu sein in seinen Reden.

Gesellschaftliche Verbindlichkeiten

Es ist sehr bequem geworden, ein Fest zu planen und anzukündigen, Facebook oder Doodle tun dabei so, als wären sie unser Privatsekretär. Man stellt dort die Gästeliste aus seinen Freunden zusammen und lädt im nächsten Schritt ein, sieht in der Vorbereitung, wer sich ankündigt – und steht am Ende wahlweise vor leeren Tischen oder aber mit der Polizei im Vorgarten, weil die Party sich zu einer Art Massenkundgebung ausgewachsen hat.

So einfach eine Veranstaltung erstellt ist, so unklar ist ihr Ausgang, es ist also eine Frage der eigenen Risikobereitschaft, ob man nicht doch vielleicht auf persönlicherem Weg oder per Rundmail einlädt. Tut man es auf Facebook halb öffentlich, so sei man sich bewusst, dass diese Einladung bei den anvisierten Gästen nur wenig Verbindlichkeit einfordert. Was ich mit einem Mausklick zusage oder sogar nur mit »vielleicht« markiere, das ist im nächsten Moment wieder aus meinem Kopf verschwunden. Zwar erinnert die Maschine rechtzeitig daran, aber bis dahin habe ich womöglich längst schon den betreffenden

Abend überplant oder vergessen, Vorbereitungen für das Fest zu treffen. Wer ohnehin ein eher loses Gettogether plant oder eine Vernissage mit stark fluktuierendem Charakter, für den mag die Bekanntmachung auf dem Online-Terminkalender gerade richtig sein – sofern er einen kleinen Kreis noch mal auf persönlichere Art an seine Veranstaltung bindet. Wer doch Wert auf jeden einzelnen Gast legt, der sollte bis zum Termin immer wieder darauf hinweisen und aus seinen Postings eine gewisse Erwartung sprechen lassen, die auch den flüchtigen Facebook-Flaneur den Termin in seinem echten Kalender markieren lässt.

Nicht zu unterschätzen ist auch, dass diese Art Einladung weitaus öffentlicher gehandelt wird als ein diskreter Briefumschlag. Wer nicht eingeladen ist, hat gute Chancen, dennoch Wind von der Sache zu bekommen, und wer eingeladen ist, erzählt es freimütig einfach weiter, weil der klandestine Charme einer handverschickten oder eigenmündlichen Einladungsrunde fehlt.

Man kann sich also mit selektierten Gästelisten auf Facebook durchaus auch unbeliebt machen, obwohl das System einen geradezu ermuntert, eine schnelle Auswahl an Lieblingsfreunden zu treffen.

Alles kann, nichts muss

Eines der größten Versprechen neuer Geräte ist ihr integrativer Charakter. Was früher jeweils ein eigenes Gerät oder Nutzgegenstand war, das verbirgt sich jetzt alles in einem. Kopieren, drucken, Faxen und Scannen – heute nur eine Kiste.

Das Smartphone hat seinen beeindruckenden Siegeszug auf genau dieser Vereinnahmung aufgebaut: früher nur ein Telefon, heute in Verbindung mit Google gleichzeitig Orakel von Delphi, Taschenwerkzeug, Büro und Bürovorzimmer. Dabei wird außer Acht gelassen, dass ein Notizbuch, ein Füller, eine Uhr wunderbare und sinnliche Begleiter sind, mit denen man auch den schnödesten Momenten ein bisschen Glanz verleihen kann.

Es wäre schade, dieses Inventar einfach so der Technik zu opfern, nur weil sie sich vielfräßig alles einverleiben möchte. Selbstbewusster Umgang mit den neuen Möglichkeiten drückt sich eben auch im Verzicht auf gewisse Funktionen aus. Gerade in einer Zeit, die vieles nivelliert – alle gucken auf das gleiche Gerät, sind bei Facebook, suchen mit Google –, hat ein individueller Auftritt neuen Wert. Zudem zeigt man damit, dass man souverän abwägen kann, was man an den Computer auslagern möchte und was nicht. Eine Armbanduhr ist auch im digitalen Zeitalter praktischer, ein Füller schneller und ein Kompass genauer als ihre digitalen Derivate.

Wer seine Gepflogenheiten allzu bereit und immer neu opfert, wirkt ähnlich einseitig wie einer, der von Computern pauschal nichts wissen möchte.

R. I. P.

Weil das Netz jeden Tag eine Geschichte braucht, ein Beutetier, an dem es herumknabbern kann, rücken auch ferne Trauerfälle wieder mehr in den Blickpunkt der Öffentlichkeit. Es steht jedem frei, auf seine Weise um verdiente Showmaster und Schauspieler zu trauern, aber die Frage sei erlaubt, ob man auch ohne Twitter und Facebook das Verlangen danach gehabt hätte. Kondolieren als Selbstzweck, als »Ich jetzt auch traurig«-Reflex ist eine fragwürdige Errungenschaft der Neuzeit. Und ob wirklich jeder seine persönlichen Erinnerungen an Günter Grass und Lou Reed öffentlich loswerden muss?

Über Tote redet man nur Gutes. Oder auch einfach mal gar nicht. Trauer war eigentlich mal eine Privatempfindung und kein Wettbewerb um die tiefste (und eloquenteste) Betroffenheit.

Allg. Betroffenheit

Der stete Nachschub von Nachrichten bis auf unsere Nachttische, die bis in die Hosentasche übertragene Live-Berichterstattung von Naturkatastrophen und Unglücken versetzen uns bis zu einem gewissen Grad in die Rolle von Schaulustigen auf der Autobahn, die in der Gegenrichtung einen Unfall sehen. Da die einschlägigen Nachrichtenkanäle und Timelines dabei gleichzeitig Horrormeldungen und Catcontent transportieren, kommt es nicht selten zu unpassenden Abfolgen, meist noch flankiert von grotesken Werbebannern, die der gefühllose Algorithmus beisteuert. Wenn jeder Inhalt gleich viel wert ist, wirkt das in der Zusammenschau eben schnell komisch.

Nun ist man natürlich nicht verpflichtet, emotional an jedem Schrecken dieser Welt teilzunehmen und allein an seinem Schreibtisch Betroffenheit zu mimen. Aber es gibt Ausnahmen: Wenn die ganze Welt die Nachrichten zu einem Flugzeugabsturz mitten in Europa Stück für Stück zusammensetzt und sich auf den Plattformen diese typische Mischung aus Informationsbrocken, erster Anteilnahme und Wut breitmacht, kann man seine Witzelsucht bitte schön für ein paar Stunden zähmen. Man fährt ja auch nicht jodelnd auf dem Longboard am Friedhof vorbei, wenn man sieht, dass dort gerade eine Beerdigung läuft. Und wenn offenbar ein Großteil meiner Netz-Bezugsgruppe von einer Nachricht tief berührt wird, gehört es zum Feingefühl des Selbstpublizisten, nicht genau jetzt ein neues Promi-Bashing anzuzetteln oder ein bisschen persönlichen Bahn-Ärger loszuwerden.

Ganz abgesehen davon, dass man die erhoffte Zustimmung in so einem Nachrichtenumfeld ohnehin nicht erleben wird – sondern nur eisiges Ignoriertwerden.

Verzweifle nicht, werde nicht missmutig, wenn Du nicht die moralische oder intellektuelle Höhe erreichen kannst, auf welcher ein andrer steht, und sei nicht so unbillig, andre gute Seiten an Dir zu übersehn, die Du vielleicht vor jenem voraus haben magst – und wäre das auch nicht der Fall! Müssen wir denn alle groß sein?

Ignoriert werden

Hinter den scheinbar lässig hingeworfenen Postings, Bildmontagen und Alltagsbonmots, die das Web an einem ganz normalen Tag jedem Einzelnen vor die digitale Haustür spült, stecken jeweils persönliches Bemühen und Zeitaufwand. Schließlich sind Aufmerksamkeit, Klick- und Daumenzahlen so was wie das Währungssystem des ganzen Zirkus. Und viel bedeutet dabei viel.

Wer einmal erlebt hat, wie sein treffender Kommentar zum laufenden Fernsehprogramm oder zur politischen Großwetterlage durch die virale Decke ging und von allen Seiten weiter verbreitet wurde, der will das wieder erleben. Umso bitterer, wenn sich der gewünschte Effekt nicht einstellt und die Scheinwerferlichter ausbleiben, das sorgsam komponierte Foto kaum Herzchen sammelt und der Tweet ohne viel Federlesens in der schäumenden Gischt des Nachrichtendienstes verschwindet.

Nun, das ist eben zu ertragen. Das gehört zu dem, was ein Gentleman hinunterschluckt. Weder empfiehlt es sich, die Verweildauer des Postings künstlich zu verlängern, indem man sich selbst kommentiert und liket, beispielsweise. Noch sollte man das tote Pferd unentwegt satteln wollen, also auf der Niete aufbauen. Hat nicht funktioniert, ist schon vergessen.

Im übrigen gilt im Netz wie im richtigen Leben – wer sich kreativ und sorgfältig artikuliert, in seinem Blog gute Ideen ausbreitet und nicht immer nur nach dem schnellen Gag sucht, der wird vom Netz irgendwann genau dafür respektiert und kann befreit aufspielen. Wer hingegen immer nur den Witz der Stunde interpretiert und stets den neuesten Instagram-Filter auflegt, läuft Gefahr, irgendwann mit der Kulisse zu verschwinden.

Adabei

Papstwahl, letzte Folge *Wetten, dass..?*, Fußball-Endspiel, Königshochzeit – diese bunt-globalen Ereignisse sind auch online Highlights, die im Vor- und Nachhinein einen Ozean von Kommentaren und eine Flotte von selbst ernannten Live-Berichterstattern auf den Plan rufen. Dagegen ist nichts einzuwenden – eine lebhafte Anteilnahme von Informierten macht das Netz attraktiv und unterhaltsam. Man prüfe nur gelegentlich, ob man selbst wirklich immer Teil dieser Event-Entourage sein muss. Das Engagement als Fußball- und *Tatort*-Kommentator, Promi-Experte und Politikberater, Medienbeobachter und Universal-Schlachtenbummler in Personalunion, vermittelt in der Timeline irgendwann das Gefühl beliebiger Entflammbarkeit und man gerät in den Verdacht von Netz-ADHS.

Schaulust und Katastrophentourismus

Einige ihrer beeindruckendsten Vorzüge spielt die globale Vernetzung aus, wenn es um Anschläge, Naturkatastrophen, Revolutionen oder sonstige dramatische Ereignisse von Tragweite geht. Augenzeugen und Beteiligte werden zu Korrespondenten, die die ganze Welt mit Informationen beliefern, bevor die Nachrichtenagenturen auch nur einen Satz geschrieben haben.

In diesen Momenten, in denen aus dem vergnüglichen Gefrotzel einer Twitter-Timeline oder eines Periscope-Angebots Schauplätze elementarer Vorgänge werden, sollten einige Verhaltensweisen eigentlich selbstverständlich sein:

- Ist die Nachricht ganz frisch, darf jeder sie verbreiten. Es ist wie der Griff zum Warnblinker, wenn man an ein Stauende oder einem Hindernis ankommt. Man weiß nicht, ob die anderen es gesehen haben, und gibt deshalb die Nachricht weiter. Lieber einmal zu viel als einmal zu wenig. Sobald der Hintermann auch den Warnblinker anhat, sobald also die Informationskette funktioniert, schaltet man selber aus.

Auf Twitter übersetzt: In der sehr kurzen Zeitspanne, in der die Nachricht von Tragweite ins Netz sickert und von Multiplikatoren hundertfach verstreut wird, hat man die Aufgabe, seine Follower in Kenntnis zu setzen. Kommt man zwei Stunden später an den Rechner, gilt das nicht mehr, man kommt gewissermaßen über eine Auffahrt auf eine bereits komplett verstopfte Autobahn – keine Notwendigkeit mehr für den Warnblinker.

- Wer danach nichts Wesentliches beizutragen hat, hält die Klappe oder geht ins Bett. Wer frei von Sensationslust ist, braucht nach einem Unglück nicht minütliche Updates. Der Feed sollte jetzt frei für diejenigen sein, auf deren Botschaften die ganze Welt wartet, weil sie vor Ort sind oder wichtige Entscheidungen treffen können.

Die große Mehrheit derjenigen, die nur empfangen, sollte sich verhalten wie Autofahrer, wenn ein Blaulichtfahrzeug ankommt: Rechts ranfahren, durchlassen, froh sein, dass es nicht um sie geht. Der eine oder andere hält diese Untätigkeit erfahrungsgemäß nicht aus und schlüpft in die Rolle des Dokumentars und digitalen Hilfsarbeiters, verweist auf andere

Quellen oder fasst zusammen, und das mag im Einzelfalle hilfreich sein.

Nicht hilfreich ist die Sitte, bereits nach wenigen Minuten Interpretationen des Geschehens in Umlauf zu bringen oder es gleich zum Anlass für hausgemachte Verdächtigungen und Weisheiten zu nehmen. Als würde man im Stau nach einem Unfall auf das eigene Autodach klettern und den anderen Wartenden per Megaphon seine Theorie zum Unfallhergang schildern. Das verhöhnt alle Betroffenen und setzt den Emittenten in das unschmeichelhafte Licht desjenigen, der in jeder Katastrophe nur nach der eigenen Bestätigung sucht.

- Wer hingegen einfach weitertwittert und instagrammt, als wäre nichts geschehen, nur weil ihn das Thema der Stunde nicht unmittelbar betrifft, beweist erschreckend wenig Feingefühl. Die Weltgemeinschaft, die immer anwesend ist, wenn man auf Plattformen kommuniziert, verdient die gleiche Rücksicht wie der eigene kleine Bekanntenkreis. Und den würde man kurz nach einem Trauerfall ja auch nicht mit witzigen Fußballvideos beglücken.

- In den Stunden nach einem Absturz, Anschlag oder einer Naturkatastrophe ist das Netz noch unübersichtlicher als sonst – es hagelt Links, Vermutungen, vermeintliche Zusammenhänge. Unter dem Vorwand der Chronistenpflicht werden Videos und Bilder in Umlauf gebracht, die weit jenseits der natürlichen visuellen Tabus von Nachrichtensendungen liegen.

Der Gentleman hat jetzt eine besondere Sorgfaltspflicht, wenn es darum geht, was er weiterleitet und sich auch selbst zumutet. Nur weil Aufnahmen existieren, muss man sie nicht selbst in Augenschein nehmen, um sich eine Vorstellung von den Ereignissen machen zu können. Wer mit Neugier und Schaulust ringt, versetze sich in die Lage eines Angehörigen, der erfährt, dass das Video, in dem ein geliebter Mensch zu Schaden kommt, hundertfach verlinkt und tausendfach nebenbei beglotzt wurde, von Menschen, die den gleichen Gesichtsausdruck haben wie bei einem Actionfilm und dabei eine Jogginghose tragen.

Nein, es gilt, was auch bei einem Unfall auf der Straße gilt. Wer nicht Hilfe leistet, hat dort nichts verloren.

- Die Fähigkeit zu Empathie und emotionaler Betroffenheit zeichnet uns als Menschen aus, und es ist nur natürlich, dass viele sie via Tastatur im Netz loswerden wollen. Nicht besonders rühmlich ist aber der Wettkampf, der dabei bisweilen entsteht. Wer bekommt die allgemeine Trauer am besten auf den Punkt? Wer umfasst in seinem Mitleid den weitesten Horizont? Wer kriegt das meistzerknirschte Statement hin? Wer denkt an jemanden, an den noch niemand gedacht hat?

In dieser Disziplin übertreffen sich sonst nur die Politiker, die einen Tag nach der Katastrophe ihre Beileidsnoten abgeben. Auf Facebook und Twitter wirken solche Beiträge, nicht zuletzt wegen ihrer Fülle, ziemlich schnell wohlfeil und so, als ginge es nur um Punkte beim Vortanzen vor der politisch korrekten Trauerjury, nur wieder um möglichst viele Herzen und Daumenhoch und damit das, was in diesem Moment eben eigentlich keine Rolle spielen würde, wäre man wirklich in Trauer.

Aus dem Unglück Profit im Dienste der eigenen Marke zu schlagen ist ein Eindruck, den man tunlichst nicht erwecken sollte.

- In den letzten Jahren ist es zur traurigen Gewohnheit geworden, dass Minderheiten mit Anschlägen ihren Forderungen Ausdruck verleihen. Sie wählen dafür besonders sensible Daten oder Orte, um sich der Aufmerksamkeit der Weltgemeinschaft sicher zu sein. Diese perfide

Strategie geht leider nahezu immer auf, schließlich sind Brutalität und Menschenverachtung etwas, das nicht einfach übergangen werden kann, sondern gemeldet und verarbeitet werden muss. Eine unmäßige Verstärkung tritt aber auch ein, weil jeder heute als Nachrichtenagent und Multiplikator fungiert. Deshalb steht man, wenn man derartige Neuigkeiten verbreitet, seine Erschrockenheit oder Angst in Worte fasst, letztlich im Dienste der unseligen Agenda der Attentäter. Jede persönliche Äußerung, jede verbreitete Emotion oder Information beweist, wie weit sie mit ihren Botschaften in unsere Leben eingedrungen sind. Die Aufregung erfasst alle, es ist wie bei einem Bienenstock, auf den ein Stein geschleudert wird.

Keep calm and carry on, stand einst auf Aushängen, als moralische Leitlinie, mit der die Londoner Bevölkerung den Schrecken der drohenden Bombardierung begegnen sollte. Oder, etwas moderner ausgedrückt: Ein gutes Leben ist die beste Rache.

Noch andre findet man, die immer nur ihre eigene Person, ihre häuslichen Umstände, ihre Verhältnisse, ihre Taten und ihre Berufsgeschäfte zum Gegenstande ihrer Unterredung machen und alles dahin zu drehn wissen, jedes Gleichnis, jedes Bild von daher nehmen. So wenig als möglich übertrage in gemischte Gesellschaften den Schnitt, den Ton, den Dir Deine spezielle Erziehung, Dein Handwerk, Deine besondre Lebensart geben. Rede nicht von Dingen, die außer Dir schwerlich jemand interessieren können.

Netzerfolge in der
echten Welt

Gelegentlich vernimmt man Berichte, nach denen YouTube-Aktivisten auch im echten Leben zu Stars heranwachsen und ganz analoge Massenaufläufe provozieren, wenn sie leibhaftig auftreten – was wiederum natürlich online verbreitet wird.

Tatsächlich ist es aber im Alltag nicht immer einfach, die richtige Gewichtung zwischen Netz- und Weltgewese zu treffen. Nach einem Tag voll mit Timeline-Turbulenzen und vermeintlichen Freunden, in Blogs und Foren kann es zu fatalen Fehleinschätzungen dessen kommen, was in Wirklichkeit eigentlich gerade wichtig ist.

Dies sollte im Smalltalk ebenso beachtet werden wie im Gespräch mit Menschen mit einem kleineren Digitalhorizont. Deutet die alte Mutter den Humor der feministischen Tratschplattform jezebel.com denn wirklich richtig? Wissen alle am Tisch die ausufernden Berichte über den lustigen Hashtag zu schätzen?

Die Rolle, die man selbst vielleicht im Netz spielt, die Freude über ein erfolgreiches Posting oder die bisweilen euphorisierende Sogwirkung einer Goog-le-Suche, die immer neue Zusammenhänge zutage gefördert hat, das alles sind Themen, die im echten Leben recht schnell welk werden. Gar nicht, weil sie ohne Belang wären, sondern weil man bei diesen Abenteuern alleine unterwegs war und davon berichten müsste wie von einer großen Reise, um alle wirklich auf den gleichen Stand zu bringen. Der eine kennt die Eigenheiten des betreffenden Mediums vielleicht nicht, der andere bekommt schon einen süffisanten Schub, wenn er das Wort Facebook nur hört, und die Dritte versteht die Grundbegriffe erst gar nicht.

Das alles ist zu beachten und mehr noch, sollte man gerade dann keine großen Erwartungen haben, wenn es um die eigenen Heldentaten geht. Nichts wirkt trostloser als der Satz: »Heute Morgen habe ich so was Tolles getwittert.« Oder: »Mein Foto geht gerade echt ab, schon 78 Herzen.«

Eine kleine Übung in Selbstachtung könnte sein: Solche Sätze allein vor dem Spiegel aufsagen und ihnen nachhören, wie sie eigentlich klingen.

Ausgrenzung

Eine etwas kühne Forderung: Wenn man im Abteil eines Zuges oder in sonstigen Engstellen des öffentlichen Lebens einem Fremden gegenübersteht, der kein Smartphone oder sonstige Ablenkung für sich hat, der vielleicht sogar qua Alter oder Sozialstatus von dieser Entwicklung abgehängt sein könnte, soll man gefälligst gelegentlich vom eigenen Gerät aufsehen und diesem Menschen einen echten Blick widmen. Ein menschliches Erkennen.

Um die Idee hinter dieser kleinen Geste zu verstehen, stelle man sich die smarten Gerätchen als Helme vor, die alle auf dem Kopf tragen. Bis auf einen. Ist das nicht eine sehr offene Form der Ausgrenzung, eine zutiefst unfreundliche Nicht-Teilnahme am öffentlichen Raum?

Früher waren es die Walkmen, die von den Mitreisenden als unfein empfunden wurden, weil sie ihre Träger absorbierten und zu sozialen Zombies werden ließen. Die heutige Vollversorgung mit digitaler Ablenkung ist noch viel drastischer: Die Besatzung eines morgendlichen U-Bahn-Wagons wirkt weitgehend hypnotisiert. Was das Außenbild angeht, nicht gerade die glanzvollste Epoche der Zivilisation.

Der letzte Mensch, der ohne Gerät in den Zug steigt, steigt zwei Stunden später sozio-traumatisiert wieder aus, weil an die Stelle zwischenmenschlicher Interaktion, sei es auch nur ein Blickkontakt, stummgebeugte Touchscreen-Beschäftigung getreten ist. Genauso wie es aber der Respekt gebietet, einer betagten Person seinen Sitzplatz anzubieten, sollte man ihr auch gelegentlich noch sein Gesicht anbieten, frei von Kopfhörern und Bildschirmen. Vielleicht gibt es ja etwas zu besprechen.

Unterwegs mit Endgerät

An dieser Stelle vielleicht noch ein paar schlichte Standards für den Aufenthalt mit Endgeräten in Gesellschaft:

- Wird man angesprochen, während man auf seinen Computer schaut, ist der Blick in die Richtung zu heben, aus der die menschliche Stimme tönt.

- Entwickelt sich ein längeres Gespräch, sollte das Gerät demonstrativ verschlossen, beiseite gelegt oder sichtbar ausgeschaltet werden, sofern dadurch nicht eine andere laufende Unterhaltung gefährdet ist. Merke aber: Echtwelt sticht immer noch Netzwelt. Man würde ja auch die Zeitung zusammenlegen oder das Buch zuklappen, wenn man angesprochen wird. Gleichwohl ahnt der rücksichtsvolle Gesprächseröffner, zum Beispiel im Zug, dass eine eventuell dringende Arbeit oder eine andere Kommunikation in dem Gerät warten. Es ist also ebenso nur höflich, dem

anderen Zeit zum Beenden oder Fortsetzen dies-
bezüglicher Vorgänge einzuräumen. Schließlich
hat man ihn ja unterbrochen.

• In einem laufenden Analoggespräch, vulgo Plaudern (Gibt es auch digitales Plaudern? Oder
verhält es sich analog zu Schlendern, ist also
eigentlich nur in echt denkbar?), nebenbei das
Smartphone zu bedienen, ist ein deutliches Signal,
dass man keinen größeren Wert auf Fortsetzung
der Unterhaltung legt, und eine Geringschätzung
des Gesprächspartners. Besonders die zunehmend
zu beobachtende reflexhafte Manier, nebenbei
nach dem Gerät zu fingern und verstohlen Seiten-
blicke darauf zu werfen, verleiht seinem Besitzer
keine sehr souveräne Aura. Man sollte sich gelegentlich auf dieses Syndrom hin beobachten und
bei positivem Befund selbst auf die Finger klopfen.

• Bleiben wir bei der netten Plauderei im Zug. Sie
ist, im Gegensatz zu allen vorherigen Epochen der
Menschheit, heute ständig in Gefahr, von der
ganzen Welt via Endgerät gestört zu werden.
Eigentlich ist ein ruhiges Gespräch überhaupt
nicht mehr möglich, wenn nicht alle Teilnehmer
vorher aufwendige Vorkehrungen treffen. Es gibt
in Spionagefilmen oft eine Szene, in der vor dem
konspirativen Gespräch das Hotelzimmer auf

Wanzen und sonstige Vertrauensfeinde geprüft wird. Genauso muss man ein Gespräch im 21. Jahrhundert auch einleiten, diverse Störquellen aus-, automatische Vertröstungen einschalten oder der Netzwelt einen ganzheitlichen Flugmodus vortäuschen.

- Wird der Gesprächspartner dennoch von einem Anruf ereilt, so empfindet es jeder Anwesende als schmeichelhaft, wenn dieses Ansinnen abgelehnt wird und damit klar ist, welche Prioritäten der Betreffende setzt. Lehnt er nicht ab, sondern macht Anstalten, die laufende Unterhaltung für das Gerät zu unterbrechen, so gebietet es der Anstand, ihm beim Beantworten, da es nun offenbar sein muss, größtmögliche Privatsphäre zu lassen. In einem ICE-Sitz oder an einem winzigen Bistrotisch ist das zugegebenermaßen schwierig. Trotzdem sollte die Körpersprache höfliches Desinteresse signalisieren. Ist man selbst der kommunikative Fremdgeher, sollte man sich umso mehr daran erinnern, dass einer der größeren Vorteile dieser Geräte ihr handlicher Charakter ist. Zieht man den Anrufer dem echten Gesprächspartner vor, ziemt es sich, wenigstens ein paar echte Meter Abstand zu nehmen und so den getrennten Charakter der beiden Begegnungen zu unterstreichen. Eine Entschuldigung

– beim Annehmen eines Telefonats ebenso wie beim Wiederaufnehmen des Gesprächs – ist dann obligatorisch und nach Belieben auszuschmücken.

- Wird man, was mittlerweile weitaus häufiger der Fall ist als ein echter Anruf, unentwegt von diversen Tönen über eintreffende Mails, Nachrichten, Chatnews oder beunruhigende Blutdruckwerte informiert, so ist unbedingt auf Waffengleichheit zu achten. Piepst es bei allen Beteiligten gelegentlich im Hintergrund oder aus der Jackentasche – kein Problem, jeder ist also offenbar Teilnehmer einiger Parallelwelten. Ist man der Einzige, der daueralarmiert wird, so erlöse man die Umwelt von dieser irritierenden Symphonie im Hintergrund und der offenkundigen Rasanz der eigenen Netzpersönlichkeit mittels Stummtaste.

Es mag ein gehöriges Maß an Selbstdisziplin verlangen, aber wer auf jeden Signalton des Geräts hin danach fummeln muss und die eigentliche Beschäftigung, sei es ein Essen oder eine Unterhaltung, zugunsten einer Mitteilung von völlig ungewisser Dringlichkeit hinwirft, der gibt das klägliche Bild eines dressierten Menschleins ab, das auf den Gong hört. Eine Unsitte, der man nicht anheimfallen sollte. Verliebte und werdende Väter sind davon allerdings ausgenommen.

Klingeltöne

Man wähle seinen Klingelton stets nur so auffällig wie unbedingt nötig. Das gilt für die Lautstärke ebenso wie für die Melodie. Der Klingelton muss so gut sein, dass er selbst in der schlimmsten denkbaren Situation – Kammerkonzert, erste Reihe, Andachtsminute vor dem ersten Satz – nicht *gänzlich* unangenehm klingt. Denn ein, Pardon, bescheuerter Klingelton dupliziert in solchen Momenten ganz schnell noch mal das Aggressionsvolumen der Umgebung.

Wende einige größere Aufmerksamkeit auf Deinen Anzug, wenn Du in der großen Welt erscheinen willst. Man ist in Gesellschaft verstimmt, sobald man sich bewusst ist, in einer unangenehmen Ausstaffierung aufzutreten.

Nachtrag zum Zug

Man stelle sich eine ICE-Situation vor, in der sich zwei Laptop-Besitzer gegenüber sitzen, der Zug rast durch die Nacht, die Jacketts sind an die Haken gehängt, es geht nach Hause. Der eine hantiert geschäftig mit Excel-Tabellen, der andere schaut sich gebannt *Ice Age 3* an und lacht zuweilen scheppernd.

Keine Etikette greift hier, es sei nur daran erinnert, dass unsere aufgeklappten Bildschirme viel über uns verraten. Jeder, der an dieser Szene vorbeikommt, wird sich ein Urteil bilden. Ob wir es wollen oder nicht: Der Bildschirm und seine Inhalte sind in der Öffentlichkeit ebenso Teil unserer Erscheinung geworden wie Mantel und Frisur.

Aufräumen!

Wer auch nur gelegentlich Gefahr läuft, auf seinem Laptop Präsentationen zu zeigen oder vom Kollegen über die Schulter geschaut zu bekommen, der sollte ein Mindestmaß an Ordnung auf seinen Oberflächen schaffen. Das meint die digitalen wie die analogen, denn halbe Kuchenstücke zwischen den Tasten und zerknibbelte BVB-Aufkleber auf der Rückseite des iPhones fördern den Vorwurf der Unprofessionalität erheblich. In besonderem Maße gilt dieses Reinheitsgebot natürlich für Geräte, die von der Firma gestellt werden. Und für temporäre Lässigkeiten, zum Beispiel in Form von privat besuchten Websites. Die Regeln dafür obliegen gewiss der jeweiligen Firmenetikette. Hektisches Schließen von Tabs und Fenstern, wenn jemand das Büro betritt, macht aber in keinem Fall einen besonders vertrauenswürdigen Eindruck.

Spuren hinterlassen

Im Grunde ist es ähnlich wie bei einem großen Hotel am Bahnhof. Ein Gast bucht sein Zimmer dort, um eben Obdach für eine Nacht zu haben, hängt seinen Mantel am vorgesehenen Haken auf, schläft, kommt pünktlich zum Frühstück und verschwindet wieder. Der nächste nutzt das Zimmer als Austragungsort einer saftigen Affäre, der nächste feiert den zehnten Hochzeitstag in der üblichen Art und Weise und ein anderer verkauft dort Uhren an exklusive Kunden, gefolgt von einer, die sich getrennt hat und sich durch die Nacht weinen möchte.

Das Netz ist genauso, ein Ort, der zugleich ganz harmlos und ganz obszön sein kann und in dem jeder einen Pfad schlägt, ganz nach den eigenen Interessen. Der Unterschied zum Hotelzimmer ist, dass es keine Zimmerreinigung gibt. Der unausgesprochene Deal mit einem Hotel ist ja, dass es die Spuren seiner Gäste verwischt, die Wäsche wechselt, Haare und Hautschuppen wegsaugt und alles immer wieder in einen Urzustand versetzt. Da man den Menschen, die für diese Arbeit zuständig sind, meist nicht begegnet, ist einem egal, was sie von einem denken. Im Netz aber sind potenziell alle in der Lage, über die Spuren zu stolpern, die man hinterlässt. Man bewohnt Hunderte Zimmer, und niemand räumt sie auf. Mal freiwillig, mal unfreiwillig gibt man über seine Lustbarkeiten Auskunft, bietet sich oder seine Habe an, offeriert Lebenspläne, politische Ansichten und jüngst getätigte Einkäufe.

All das bleibt an einem hängen, nicht gleich sichtbar vielleicht, aber es ist da.

Unterhaltspflicht

Landnahme im Netz ist ein verlockend einfaches Unterfangen. In wenigen Minuten ist die Tumblr- oder Flickr-Präsenz eingerichtet, der vage Interessierte sammelt im Laufe der Jahre Blogs und Homepages, Forumsmitgliedschaften und sonstige Schauplätze der eigenen Entfaltung. So viel will ausprobiert und eingerichtet werden, so vieles klingt verheißungsvoll – entpuppt sich dann aber nur als Speicherplatz und zeitraubendes Synonym für Langeweile.

So ähnlich wie man seinen Schreibtisch oder einen Büroschrank regelmäßig von abgelaufenen oder unwichtig gewordenen Fällen befreit, muss man auch die verwaisten Netzadressen und freigehaltenen Plätze gelegentlich auf ihre Sinnhaftigkeit prüfen, und nicht nur das: Man sollte aktiv festlegen, wie wichtig einem seine Repräsentanzen und Versuchsaufbauten sind und wie man sie priorisiert.

Das ist, nebenbei gesagt, eine hübsche Schulung in Selbsterkenntnis, weil man nun mal vielleicht gar nicht der fanatische Blogger oder Flickr-Fotograf ist, für den man sich selbst immer gehalten hat.

Niemand kann und muss auch all die großen sozialen Medien gleichstark bedienen, jeder findet wahrscheinlich zwei oder drei Verteiler, die ihm liegen, der Rest verkümmert mit dem Mindestengagement. Sicher, all diese Angebote stellen keine Verpflichtungen dar, davon zeugen Millionen von leeren Hüllen, deren Benutzer nie über ein erstes Ausprobieren oder einen einmaligen Versuch als eBay-Verkäufer, Tagebuchschreiber oder Reiseblogger hinausgekommen sind. Aber diese nicht bewirtschafteten Kioske verstopfen das Netz, sie trüben die Suchergebnisse und locken auf falsche Fährten. Zumal Google sie noch eine Zeit lang treu nach oben spült, in der Erwartung großer Ereignisse ebenda. Es ist, als hätte jeder Bewohner der Stadt noch zehn Bauruinen zu verantworten, um die er sich einfach nicht kümmert.

Darüber hinaus tun die eingeschlafenen Auftritte zwar nicht weh, sie schmücken aber auch nicht. Das gilt vor allem, wenn die Netzwelt Teil der eigenen Berufstätigkeit ist. Es gibt nichts Trostloseres, als auf Homepages von freiberuflichen Grafikern oder PR-Consultants zu stoßen, die ihre letzte Aktualisierung vor drei Jahren erlebt haben, oder Firmenauftritte von Designern, deren Webshop seit Jahren mit »coming soon« angekündigt wird. Haben die Betreiber den Beruf gewechselt? Sind sie ausgewandert? Oder schaffen sie es etwa nicht mal, eine Ruine vom Netz zu nehmen?

Wer auch immer ein Schild ins Netz hängt, sollte jedenfalls gelegentlich nachsehen, ob es nicht inzwischen sehr rostig geworden ist. Gleiches gilt in Abschwächung für Facebook-Accounts und Co. Jeder, der mit der digitalen Welt ansatzweise sein Geld verdient oder in großen beruflichen Netzwerken eingebunden ist, sollte seine dortigen Visitenkarten pflegen. Was natürlich ebenso bedeuten kann, sie abzuschalten. Besser auf zwei Adressen in guter Form präsent sein, als auf acht als unbrauchbarer Webzausel zu firmieren.

Denn der routinemäßige Check eines Namens via Google-Suchfenster hat heute nichts mehr mit manischer Überwachung überspannter Personalchefs oder zukünftiger Auftraggeber zu tun. Er gehört einfach zum neuen Wahrnehmungsprozess unter Menschen. Digito ergo sum!

Es ist deshalb auch angeraten, sich gelegentlich selbst zu googeln, um zu sehen, welches Bild man dabei eigentlich abgibt, in wie viele Irrwege das eigene Namensschild mittlerweile führt. Der viel zitierte Blogeintrag vom Junggesellenabschied, bei dem man prominent erwähnt wird, und die verwilderte Landing Page des Kreativbüros, das man sich einst mit besten Absichten eingerichtet hatte? Oder gleich das Facebook-Profil, dessen letzte Neuigkeit ein paar ins Irgendwo gerichtete Geburtstagswünsche sind?

Sicher, dem Tiefbauingenieur kann derlei egal

sein. In der Medien- und Kommunikationsbranche und bei internationalen Zeitgeistarbeitgebern aber gehört zu diesen Dingen eine gewisse Unterhaltspflicht. Die vorherrschende Angst, zu viel von sich im Netz preiszugeben, hat eben auch ein Opposit: zu wenig präsent zu sein und sich damit den Anstrich einer mangelhaften Kenntnis der neuen Welt zu geben.

Sicherlich muss eine gute Hebamme nicht eigene Kinder haben, aber wenn sie eine Grundskepsis gegenüber dem ganzen Vorgang an den Tag legen würde, wäre ihr Engagement doch mit einiger Verwunderung zu betrachten.

Sei Dir selber ein angenehmer Gesellschafter. Mache Dir keine Langeweile, das heißt: Sei nie ganz müßig! Lerne Dich selbst nicht zu sehr auswendig, sondern sammle aus Büchern und Menschen neue Ideen.

Selbst suchen

Wie im vorangegangenen Abschnitt beschrieben, ist die Selbstsuche bisweilen recht nützlich. Genau wie der Hausbesitzer sein Haus auch mal von der Straßenseite betrachtet, um zu sehen, was alle sehen, und bei Missfallen vielleicht Veränderungen vorzunehmen. Darüber hinaus birgt die Suche nach dem eigenen Ich via Google aber weniger philosophische Qualität, als sie im Wortsinn verspricht. Das Einzige, was sie zuverlässig produziert, sind Unzufriedenheit, Ärger und ein Gefühl der Ohnmacht gegenüber der Willkür und Indiskretion des Algorithmus. Aus der Selbstsuche eine regelmäßige Übung zu machen empfiehlt sich also nicht, zumal es nicht gerade vornehm ist, ständig derart eindeutig um sich zu kreisen. Tut man es trotzdem, möge man die Sichtung der Ergebnisse als Übung in Contenance begreifen, einer der wichtigsten neu-alten Tugenden.

Contenance

Zu den herausragenden Eigenschaften eines Gentleman gehört seit jeher die Selbstbeherrschung. Sie ist es, die ihn auch in unübersichtlichen Situationen oder angesichts ungeheuerlicher Vorgänge einen kühlen Kopf und sämtliche Manieren behalten lässt. Erst dieser Wesenszug macht ihn zu jener unerschütterlichen gesellschaftlichen Instanz, deren Präsenz jeder als angenehm empfindet.

Diese Fähigkeit zur Selbstkontrolle ist gerade in den neuen Medien eine gefragte Charaktereigenschaft. Schließlich: Ein verärgerter Tweet, ein gepfefferter Kommentar sind schnell geschrieben – es sind ja regelrechte Affektmedien. Der blinkende Cursor in der Antwortmaske wartet doch scheinbar immer nur auf ein schnelles »Au contraire!«.

Diese lockende Schnelligkeit bei gleichzeitig maximaler Reichweite und mutmaßlich ewiger Belegbarkeit ist eine gefährliche Mischung für Hitzköpfe. Denn während ein Wutausbruch in der Kneipe oder auf dem Spielfeld bald vergessen ist, kann er im Netz unwägbare Konsequenzen nach sich ziehen. Zahlreich sind die Fälle, in denen CEOs, Fußballtrainer, Politiker oder Firmen eine der drei unmittelbaren Gefahren der neuen Medien – Reichweite, Schnelligkeit, Belegbarkeit – nicht richtig einschätzen und deshalb in Schwierigkeiten geraten, die sich als existenzbedrohend auswachsen können.

Es ist eben nicht »nur das Netz«, wie ein Teil der Bevölkerung immer noch glaubt. Nein, es ist alles. Und vor allem ist es ein unerbittliches Plenum, vor das man da tritt, egal ob betrunken, spätnachts oder im Zornesfuror, alle lesen mit, alle schauen aus dem Fenster auf diese ewig helle Straße und irgendjemand speichert sich alles, um für den Fall späterer Löschung etwas in der Hinterhand zu haben. Alle sehen es, alle interpretieren es, aber niemand weiß, in welchem Geisteszustand und welcher Situation der Urheber es geschrieben hat.

Gekauft wie gesehen, ist die übliche Grundlage für Käufe auf Flohmärkten und in Kleinanzeigen, um Reklamationen auszuschließen. Nun, übersetzt würde das bedeuten: Gepostet wie gedacht. Rücknahme nicht vorgesehen. Selbstkontrolle ist deshalb mehr denn je vonnöten, für jeden, der sich im Netz artikuliert.

Gemessen an ihrem Potenzial sollte man jede virtuelle Meinungsäußerung eigentlich so vorbereiten wie die Neujahransprache des Bundespräsidenten. Ersatzweise hilft es, sich vor Betätigung der Enter-

Taste vorzustellen, dass sowohl die alte Mutter als auch der strenge Mathelehrer und die eigenen Kinder das lesen werden, was man gerade im Begriff ist abzuschicken. Den gleichen Effekt hat es, kurz abzuwägen, ob man zwanzig Jahre früher einen derartigen Leserbrief geschrieben hätte, inklusive Briefmarke und Gang zum Briefkasten. Fühlt man sich nach dieser doppelten Prüfung immer noch wohl mit der Botschaft, die da auf den Nägeln brennt – in Gottes Namen raus damit.

Contenance im Netz, das bedeutet aber auch, Kompromisse einzugehen, nicht in aussichtslose Schlachten zu ziehen. Sicherlich kann man die Streuung seiner Daten, zerbloggte Zitate und irrige Querverweise, falsch verstandene Postings und freche Forumseinträge bis zum letzten Komma anfechten und auf Berichtigung pochen. Das entspricht aber nicht dem Wesen des Netzes, das nun mal als riesige, kopierende Wurstmaschine unaufhaltsam vor sich hin häckselt, kleinert und alle Dinge vermengt. Seine eigenen mikroskopischen Zutaten in diesem Brei stets richtig verstanden wissen zu wollen, ist zwar ein ehrbarer Ansatz, hat aber nicht viel Hoffnung auf Erfolg.

Stattdessen empfiehlt es sich, auch bei schiefgegangenen Aktionen Ruhe zu bewahren und auf den nivellierenden Charakter der Weböffentlichkeit zu vertrauen. Denn der ewige Newshunger der sozialen Medien sorgt eben allermeistens auch dafür, dass bald anderes über den eigenen Lapsus strömt.

Si tacuisses, philosophus mansisses! Der lateinische Ausruf sei jedem, der stilsicher durchs Netz kommunizieren möchte, an den Bildschirm geklebt. Vieles, was im ersten Moment unbedingt hingeschrieben werden muss, fühlt sich nach einer halben Stunde schon weniger dringlich an. Und die universelle Lebensregel, wonach alles noch mal neu bewertet wird, wenn man eine Nacht drüber geschlafen hat, hat auch für virtuelle Gefühlswallungen Bestand und kann viele Shitstürme und jede Menge reumütiges Zurückrudern verhindern.

*H*ängt man ein gar zu glänzendes Schild aus, so erweckt man dadurch die genauere Aufmerksamkeit; andre spüren den kleinen Fehlern nach, von denen kein Erdensohn frei ist, und so ist es auf einmal um unsern Glanz geschehn.

Hashtags

Der amerikanische Stil-Guru Hamish Bowles hat zwar einen Twitter-Account, aber die Nachrichten, die er damit absetzt, sind mitnichten die herrlichen Bonmots eines vielreisenden Dandys, wie seine Leserschaft vielleicht erwartet hat. Stattdessen bestehen seine Tweets fast vollständig aus Hashtags und @-Anreden, sind also ein reines Aneinander von Ortsnamen, Veranstaltungstiteln und Namen von Celebrities. Sein Twitterfeed sieht aus wie ein Geheimcode und liest sich für Außenstehende in etwa genauso spannend. Als würde ein Expeditionsteilnehmer nur in Längen- und Breitengraden von seiner Reise erzählen – eine Enttäuschung für das Publikum und eine arg zweckgebundene Weise, mit den neuen Medien umzugehen.

Hashtags funktionieren unter Beiträgen wie Kescher oder Logos. Man fängt mit ihnen breitflächig die Aufmerksamkeit der querlesenden Masse und stellt sich für seine Inhalte damit gewissermaßen selbst die Weichen. Wer das Spiel mit den Hashtags beherrscht, kann seinen Postings eine übergeordnete

Strahlkraft verleihen, neue Lesergruppen erreichen und tief ins Hauptprogramm der jeweiligen Timeline hineinfunken.

Gierig wirken dennoch Hashtag-Überdosen, wie sie auf Instagram, aber auch bei Twitter und Pinterest gängig sind. Die kleine Botschaft des Postings wird dabei durch einen Rattenschwanz an assoziativ verknüpften Überbegriffen lächerlich gemacht. Man postet eine besonders dekorative Tasse Kaffee (sollte man ohnehin vermeiden) und platziert dahinter eine ganze Menge hoffnungsvoller Fähnchen: #coffee #love #enjoy #food #drink #afternoon #favouriteplace #berlin #delicious. Aber würde man in einen Laden gehen, der zehn absurde Werbeschilder an der Tür hängen hat, inklusive »Busse willkommen«? Nein. Man überdekoriert seine Inhalte, wähnt sich als Teil der ganz großen Themenlage, wirkt dabei aber nicht selten eher kläglich.

Abgesehen davon sind mehr als zwei Hashtags hässlich und beleidigen das Auge des eben noch geneigten Lesers. Man sollte sich zumindest den Anschein geben, dass man Inhalte auch um der Inhalte willen postet und nicht nur, um Herzen und Daumenhoch zu sammeln. Auch wenn es insgeheim natürlich eigentlich doch nur darum geht – aber das zuzugeben gehört vermutlich zu den wenigen Tabus im Netz.

Zeichensprache

Emojis (früher: Emoticons, noch früher: Smileys) sind eine Hilfe angesichts fehlender Mimik und Gestik in der Netzkommunikation. Wenn man sehen oder hören würde, wie jemand den Satz »Heute kam nette Post vom Finanzamt!« sagt, würden sich kotzende oder augenverdrehende Gesichter dahinter erübrigen.

Vielfach ersetzen die grafischen Elemente heute aber auch Satzzeichen und sämtliche anderen Textstrukturen oder dienen bei nichtssagenden Postings als Sättigungsbeilage: Statt fünf Ausrufezeichen sorgen dann eben fünf gleiche Emojis für Aufmerksamkeit bzw. Abstand zwischen den Wörtern. Das ist etwa so, als würde man im echten Leben zwischen zwei Sätzen eine Trillerpfeife benutzen und unentwegt Grimassen schneiden.

Bei aller Liebe zu den netten Symbolen, irgendwann zermürben die Witzzeichen das Auge, ihr Überraschungseffekt hat nur sehr geringe Halbwertszeiten und ist oft gänzlich unpassend. So ganz mag man sie deshalb nicht zu den Dingen zählen, die das Leben im 21. Jahrhundert besser machen. Auch wenn die Oxford University ein Emoji zum Wort des Jahres 2015 gewählt hat – Comicsprech ist etwas für Comicfiguren und Halbwüchsige. Was wäre das für eine Welt, wenn in zwanzig Jahren keiner mehr ohne Hilfszeichen über seinen Zustand Auskunft geben kann?

Ein limitierter Einsatz scheint daher der einzig zulässige Umgang, und das beste Emoji ist immer das unerwartet gesetzte. Wer merkt, dass er Probleme hat, Texten ohne Hilfe von Emojis die richtige Botschaft mitzugeben, hat vermutlich erste Suchterscheinungen und sollte zwei Wochen lang einen kalten Entzug machen.

Achtung, in vielen Foren und bei nicht wenigen Menschen gehören Emojis bereits so fest zum schriftlichen Erscheinungsbild, dass ihnen ein emojiloser Text verdächtig vorkommt und darin enthaltene Andeutungen oder Scherze missverstanden werden. Auch wenn es schmerzt, sollte der aufgeklärte Digitalmensch in diesen Fällen vielleicht das ein oder andere Grinsegesicht einflechten, um öffentliches Aufsehen zu vermeiden.

Mehrwelten

Wenn es um gute Manieren geht, ist zuvorderst eine ganz banale Erkenntnis notwendig: Der Mensch und seine Sittlichkeit sind heute gleichzeitig an mehreren Orten unterwegs. Wir sitzen in der Bar und zeitgleich sind wir in Chatrooms, auf Facebook oder liefern uns in unserem Blog eine Kommentarschlacht mit den Lesern. Es ist bei dieser akuten Persönlichkeitsspaltung, die uns längst wie der Normalzustand vorkommt, sehr viel schwieriger, auf allen Ebenen, einen guten Eindruck zu hinterlassen. Versuchen sollte man es indes schon, sonst entsteht ein schizophrenes Durcheinander. Während man der Freundin mit Liebeskummer Trostnachrichten sendet, übersieht man in der echten Welt, dass der eigene Partner genervt ist oder der Kellner schon längst eine Bestellung aufnehmen möchte. Man ist also gleichzeitig aufmerksam und schroff. Wer derart polyemotional in der Welt steht, macht keinen besonders zurechnungsfähigen Eindruck, egal wie brillant er gerade sein Netzleben gestaltet.

Nach dem
Weg gefragt werden

Zu den Ereignissen, die es bald nicht mehr geben wird, gehört die Frage nach dem Weg. Einst war sie ein lieblicher Bestandteil der Völkerverständigung und praktizierte Menschenliebe. Da heute aber nicht nur Autos, sondern auch Passanten flächendeckend mit Navigationsgeräten und Satellitenortungssystem ausgestattet sind, erscheint die Frage danach, wo man ist und wo man hinmuss, noch deutlich hilfloser als einst. Nämlich nicht nur uninformiert, sondern auch technisch zurückgeblieben.

Gleichzeitig ermöglicht es aber eben diese breitflächige Aufrüstung, dem Fragenden heute in dem Maß Hilfestellung anzubieten, wie man sie auch sich selbst zukommen lassen würde. Meint: Falls die eigene Orientierung nicht ausreicht, ist das Gerätchen zu befragen und so gemeinsam und mithilfe des Satelliten eine Lösung herbeizuführen. Es wäre doch paradox zu sagen: Weiß nicht!, obwohl die Hilfe nur zwei Handgriffe entfernt ist. Zumindest anbieten sollte man diese Möglichkeit, auch wenn die Handhabe vielleicht ein paar Minuten Zeit beansprucht.

Sicher nicht erwarten kann der Verirrte hingegen, dass extra zu seinen Gunsten eine App geladen wird oder noch die Öffnungszeiten des anvisierten Einzelhändlers im Netz nachgesehen werden, aber so weit gehen die Forderungen ja meistens nicht. Obwohl, vielleicht ersetzt das »Kannste mir mal was googlen?« irgendwann das überkommene »Haste mal Feuer?«, das durch den Feldzug gegen Raucher zunehmend aus dem Straßenbild verschwindet.

Einschränkungen gelten für diese Regel übrigens, angesichts zwielichtiger Typen in übel beleumundeten Gegenden. Dortselbst ist immer nur mit der analogen Hand der Weg zu weisen. Denn die hat auf eBay einen geringeren Wiederverkaufswert als das neue iPhone.

Ein einziges hingeschriebenes unauslöschliches Wort, ein einziges aus Unachtsamkeit liegengebliebenes Papier hat manches Menschen Ruhe und oft auf immer den Frieden einer Familie zerstört.

Befreit schlafen!

Schlaf ist vielleicht überhaupt die letzte ganz analoge Beschäftigung, die den Menschen geblieben ist. Seine beruhigende Wirkung auf alle digitalen Kratzer und Touchscreen-Ereignisse sollte nicht unterschätzt werden. Es ist ein Rückzug hinter eine Firewall, die kein Programm knacken kann. Und so gerne die App-Programmierer und Tablet-Hersteller in dieses letzte Refugium eindringen möchten, ihre Sleeptracker und biodynamischen Weckprogramme anbieten – man weise diese Ansinnen von sich.

Es gilt seit jeher: Im Bett und in der Nacht umgebe man sich nur mit gekämmter ägyptischer Baumwolle, einem guten Buch und dem Menschen, der sich wie die perfekte Mischung aus beidem anfühlt.

Verlieben

Eine der wichtigsten Aufgaben von Etikette und Benimmregeln war es über die Jahrhunderte, das Miteinander der Geschlechter in eine Form zu bringen. Ein schematisiertes Verfahren sollte eine gesellschaftlich kontrollierte Anbahnung ermöglichen, ohne einen der Beteiligten allzu zu sehr zu exponieren, und den Verdacht frivoler Absichten mindern. Bis heute haben Gesellschaften auch für eine vergleichsweise luftige Angelegenheit wie das Verlieben einen Regelkatalog aufgestellt, der mal mehr, mal weniger befolgt wird. Man denke nur an die Etikette für Dates in den USA.

Das Flirten im Netz, das längst ein florierender Geschäftszweig geworden ist, folgt eigenen Regeln und ist in vielerlei Hinsicht zunächst pragmatischen Gesetzmäßigkeiten unterworfen. Beim virtuellen Anbahnen kuppeln schließlich Algorithmen, und wer mehr vom anderen sehen will, muss die Kreditkarte zücken. Für romantische Knickse, Blumen im Knopfloch und absichtlich fallen gelassene Taschentücher ist also weder Platz noch Zeit. Jane Austen würde sich jedenfalls schwertun, ein paar hundert Seiten stummes Schwärmen an einem Tinder-Flirt festzumachen.

Das Gute daran ist, der Oberflächlichkeit sind sich alle Teilnehmer bewusst. Die neue Flirt-Etikette ist deshalb nüchtern und vergleichsweise simpel: Klar und freundlich bleiben schlägt immer Copy-Paste-Liebesbrief-Gesülze. Auch die bemühten Versuche, in den ersten Chat-Zeilen geheimnisvoll, geistreich und cool zu wirken, sind eher Überbleibsel aus alten Zeiten – und gehen ohnehin meistens daneben. Weg damit!

Besonders knifflig bleibt die erste Anrede, man kann dabei den ganzen Kontakt vergeigen. Alles Anzügliche verbietet sich dort ebenso wie übermäßig gezierte oder sonst wie exotische Wendungen. »Holde Schönheit« oder »Geheimnisvoller Prinz!« wirken noch falscher, wenn man sich vorstellt, wie oft sie schon recycelt wurden. Anrede einfach weglassen ist keine Lösung, so brüsk kommt man höchstens beim Sex-und-hopp-Dienst Tinder vorwärts. Empfehlenswert ist das simple Understatement eines »Hallo, du!« oder ähnlich harmlose Kleinigkeiten, die nicht belasten und erst mal alles offenlassen. Und mit richtiger Kommasetzung ist so ein Zuruf schon fast wieder galant.

Anders als beim spontanen Flirt in Bar oder Bahn hat man bei Flirtportalen genügend Zeit, sein eigenes Schaufenster zu gestalten. Seltsam, dass viele Profile trotzdem wirken wie ausgespuckt. Dabei sind gerade sorgfältig ausgesuchte Fotos elementar.

Wichtigste Regel: Es sollten keine unbeteiligten Dritten zu sehen sein, schon gar nicht gepixelte Expartner oder wehrlose Kinder. Auch wer immer nur im Urlaub von 2005 zu existieren scheint, lässt nur den Schluss zu, dass er wohl nicht alltagstauglich ist.

Trotz der bizarren Bilderschwemme der letzten fünfzehn Jahre haben viele Menschen nur erstaunlich untaugliche Fotos von sich. Falls man diesen Missstand bei sich bestätigt sieht, sollte man einen Tag investieren und den Bekannten um Hilfe bitten, der immer noch mit einer richtigen Kamera rumläuft. So einen gibt es immer.

Gerade bei Frauen ist es beliebt, mit einem Sichtschutz aus Eigenhaar, geschickter Körperdrehung oder auch einem stark nachbearbeiteten Kontrast, so eine Art halb anonymes Porträt von sich zu zeigen. Das mag in Einzelfällen (zum Beispiel Seitensprungportalen) sinnvoll sein. Wenn es aber nur Ausdruck der eigenen Körperscham ist oder ein eitles Betonen der vermeintlichen Vorzüge, spielt man damit ein relativ kurzsichtiges Spiel.

Natürlich will sich jeder von seiner besten Seite zeigen, aber unrealistische oder eben allzu tünchende Fotos führen nur zu einem sehr angespannten ersten Date, bei dem man vor lauter Sorge über die eigene Hochstapelei vielleicht erst recht ein verwackeltes Bild abgibt.

Speziell an Männer geht die Erinnerung, dass man in den gemäßigteren Flirtforen nicht mit einzelnen Körperteilen punkten kann, sondern erst mal versuchen sollte, als Gesamtpaket zu überzeugen. Fotografisch stolz dokumentierte Kontrollverluste sind künftigen Romanzen ebenso abträglich wie textile Extreme. Kleine Hilfestellung: Ein Foto, das man auch der Schwester der besten Freundin zeigen würde, dürfte okay sein.

Ist der Kontakt einmal hergestellt, wird es ein bisschen einfacher, schließlich sind sich auf ausgewiesenen Partnerschaftsseiten alle Beteiligten grundsätzlich darüber einig, warum man hier ist. Das aus Filmen hinlänglich bekannte Abtasten auf vorliegende amouröse Ansprüche Dritter entfällt, genau wie die endlose Unsicherheit, ob der andere überhaupt in Flirtlaune ist. Man muss sich also nicht unnötig mit Hüsteleien aufhalten, sollte aber schon berücksichtigen, dass jeder Mensch gerade in dieser Hinsicht eine eigene Sensorik und ein eigenes Zeitgefühl hat. Die eine steht auf klare Worte, kennt ihre Ansprüche und scheut nicht vor drastischen Ausdrücken zurück, der andere traut der neuen Art der Anbahnung vielleicht noch nicht so ganz oder sucht tatsächlich diesmal kein Abenteuer, und der Dritte wittert schon hinter einer freundlichen Floskel den Bund fürs Leben.

Wie wir lieben, hat immer damit zu tun, wie wir bisher geliebt wurden.

Freundlichkeit ist natürlich keine Hüstelei, sondern die Grundvoraussetzung. Aber schon da scheint vielen die richtige Dosis beim Erstkontakt schwerzufallen. Komplimente wollen sorgsam eingestreut werden und nicht mit der Baggerschaufel verteilt, das galt früher und gilt noch heute. Wer auf eine einfache Profilseite mit einem vierseitigen Liebesbrief reagiert, wirkt unglaubwürdig und beliebig, genau wie einer, der bei der ersten Nachricht schon Superlative und Schmeicheleien einsetzt, die schwerlich aus dem Profil abzuleiten sind. Als würde man dem Menschen, der in der Kassenschlange vor einem steht, um den Hals fallen und ewiglich Liebe schwören. Die Quote derjenigen, die sich von so viel Liebeseifer überrumpeln lassen, dürfte sehr klein sein. Genauso ist aber allzu nüchterne Gangart eher zu vermeiden. Also etwas im Sinne von: »Profil gefällt. Zeit für ein Treffen?«

So ein Telegrammstil mag manchem als lässiger und zeitgemäßer Auftritt erscheinen. Aber ist man Zorro? Dann wäre man wohl kaum auf Eliteknutsch.de angemeldet. Wer schon beim Erstkontakt nicht mal Zeit findet, für ein paar eigenformulierte und fehlerfrei getippte Sätze samt Anrede und Verabschiedung, präsentiert sich schwerlich als Partner für ein ganzes Leben, ja noch nicht mal für eine Nacht. Eine heitere Normalität, eine elastische Menschlichkeit sollten die eigenen Flirtsätze atmen. Wer zu verbissen wirkt, über- oder unterkorrekt schreibt und auch nur ansatzweise so tut, als wäre sein persönliches Glück eine Dienstleistung, der findet vermutlich nicht den Widerhall, den er sich wünscht.

Tabu: Wem auf Tinder, OkCupid, Gayromeo oder gar einem Seitensprungportal ein bekanntes Gesicht unterkommt, ein Nachbar oder Bekannter, der ist vielleicht unversehens Mitträger eines mittelschweren Geheimnisses geworden. Mit diesem Wissen ist äußerst behutsam umzugehen.

Unter Paaren

Kein Raum ist enger, diskreter und wertvoller als der, der sich zwischen Liebenden aufspannt. Wenig von dort dringt nach außen, viele Codes existieren nur zwischen zwei Menschen, und in vielen Dingen herrscht schweigendes Einvernehmen.

Die Netzwelt mit ihren diversen Ausprägungen hat diesen Raum natürlich trotzdem problemlos infiltriert, und das ist bisweilen nicht leicht einzusehen. Der Partner, der im gemeinsamen Bett liegend zum Smartphone statt zum Buche greift, sollte sich schon bewusst sein, dass diese Geste immer ein bisschen die Tür für die Restwelt öffnet und den innigen Raum ein Stück weit entzaubert. Zumindest kann man es sich als andere Hälfte ziemlich leicht so einbilden. Das Unwissen, was genau der andere da nun schreibt, kommentiert, postet, liket, auf was er wartet, mit wem er schreibt, ist ein ernsthafter Konkurrent der Zweisamkeit. Selbst wenn die Aktivitäten grundharmlos sind, ist ein Anfangsverdacht schnell zur Hand. Noch schwerer wiegt, dass man dem Partner damit genau das versagt, was in Beziehungen oft das Wichtigste ist: Aufmerksamkeit. Gegen ein Buch oder einen laufenden Fernseher kann der Live-Mensch an der Seite leicht bestehen, gegen einen heiteren Snapchat-Dialog oder Messenger-Marathon ist das viel schwerer, weil sie den anderen aktiv und inhaltlich absorbieren – und eben auch einen oder mehrere Live-Menschen aufweisen können. Es ist, als würde der Partner im Bett ständig mit einer Gruppe Freunde am Küchentisch konkurrieren. Eben die Urbedeutung von Beziehung, dass sich der eine auf den anderen bezieht, ist nicht mehr gegeben. Und die ständige Erwartung einer neuen Botschaft, eines Facebook-Kommentars oder Ähnlichem sorgt sehr schnell für Stress in der Kernzone einer Liebe.

Das Paradox dabei ist, dass man sich zwar schnell am Display im Gesicht des Geliebten stört, aber für sich selbst oft die Anwesenheit des Gerätchens und seine Nutzung rechtfertigen möchte. Die wichtige Mail, die ablaufende eBay-Auktion oder »Das wollte ich dir nur kurz zeigen« – wie abhängig man vom Netzleben ist, merkt man eben auch gerade in Situationen, in denen man mit derlei argumentiert und dabei den häuslichen Frieden billigend aufs Spiel setzt. Sobald sich also Unmut breitmacht, schadet es sicher nicht, mit dem Partner gemeinsam einen kleinen Regelkatalog für das digitale gemeinsame Leben aufzustellen. Zum Beispiel so:

- Ab 21 Uhr zu Hause keine allein genutzten Displays mehr.

- Wenn beide surfen – okay. Wenn nur einer surft, muss er auf Nachfrage zumindest sagen können, warum das nun wichtig ist.

- Die Geräte des Partners sind kein Allgemeingut. Man frage, wenn man sie benutzt, und habe Verständnis dafür, dass es davor Fenster zu schließen oder Passwörter einzutippen gibt. In der Chronik nachzuforschen oder Dialoge nachzusehen ist eindeutiger Vertrauensbruch. Wenn man versehentlich auf solche Spuren des anderen stößt, sollte man dem anderen das gleich mitteilen – und nicht erst, nachdem man sich einen umfassenden Überblick über seine Aktivitäten verschafft hat.

- Akzeptieren, dass der Partner ein Online-Leben hat und diesem eine gewisse Bedeutung und etwas Freizeit einräumt.

- Akzeptieren, dass der Partner vielleicht kein Online-Leben haben möchte. Deswegen alle Veröffentlichungen, die ihn einbeziehen, vorher abklären. Das gilt für Fotos, Statusmeldungen und Berichte aus dem gemeinsamen Leben. Es gibt ein klares Vetorecht der besseren Hälfte.

- Im Netz kursiert eine hübsche Parodie auf den Instagram-Husband. Man sieht in dem kleinen Film eine Reihe gelangweilter Männer, die ergeben ihren Frauen dabei assistieren, sich oder andere schöne Dinge zu arrangieren und abzulichten, bis hin zum hundertsten Versuch ein spontanes Fashion-Bild hinzukriegen.

  Natürlich ist diese Phänomenologie übertrieben, aber Enervierung des einen Partners angesichts des Netzengagements des anderen kann durchaus schnell auftreten, egal ob es sich dabei um Essensfotos oder ständige Selbstinszenierung im Dienste eines Blogs handelt. Wie weit das Verständnis für dieses Hobby geht und wo eine unzumutbare Ausdehnung auf Kosten des gemeinsamen Glücks anfängt, das sollte jedes anfällige Paar rechtzeitig für sich klären.

  Letztlich sollte die Websucht eines Partners so behandelt werden wie jede einseitige Passion: Mit Zugeständnissen auf der einen und Rücksicht auf der anderen Seite.

- Nach dem Beischlaf zur Zigarette zu greifen, das hat eine gewisse Tradition. Der Griff zum Smartphone hingegen, lässt den nicht besonders charmanten Verdacht zu, dass man schon vorher nicht recht bei der Sache war.

- In welcher Art man mit dem Partner über Distanz kommuniziert, ist natürlich Sache der Gewohnheit und beidseitiger Neigung. Im Sinne gelebter Wertschätzung sollte es aber nicht die banalste der zur Verfügung stehenden Möglichkeiten sein.

  Konkret: Es wirkt schon etwas spröde, wenn man die Geliebte in einem Gästebucheintrag auf ihrer Facebook-Seite fragt, ob sie heute Lust auf Kino hat.

*W*ürze nicht Deine Unterhaltung mit Zweideutigkeiten, mit Anspielungen auf Dinge, die entweder Ekel erwecken oder keusche Wangen erröten machen.

Sexting

Was sich Liebende zu sagen haben, das funktioniert oft ohne Worte. Bei räumlicher Trennung übernehmen heute denn auch gerne Messenger-Dienste Aufgaben der Reizübermittlung oder werden gleich zu Zwecken des Vorspiels mit eindeutigen Ansichten und Bekenntnissen gefüttert. Es liegt in der Natur der Sache, dass es dabei keine Regeln gibt, weil der Kitzel ja nun mal im Übertreten aller Regeln liegt. Trotz aller erotischer Intuition scheinen gerade Herren eine gewisse Sexting-Unbeholfenheit an den Tag zu legen.

Deswegen hier nur zu Sicherheit ein kleines Einmaleins für den erotischen Bildverkehr unter Liebenden – nach Belieben zu ergänzen:

- Nicht zu offensichtlich einsteigen. Erstens gibt es dann keine Steigerung mehr, und zweitens wirken allzu offensive Bloßlegungen auf ein Gegenüber, das nichts dergleichen erwartet hat, doppelt überwältigend.

- Den anderen nicht in der Luft hängen lassen. Kaum ein Gefühl ist unangenehmer, als explizit vorzupreschen und dann stundenlang auf eine Rektion warten zu müssen. Das gilt übrigens auch für Liebesnachrichten platonischer Art! Der Empfänger ist angehalten, den empfangenen Vertrauensbeweis möglichst rasch zu quittieren. Wer sich nicht in der Lage sieht, das Sexting adäquat zu beantworten, sollte dies offen darlegen. Natürlich kann die Sache auch einseitig funktionieren – einer zeigt, der andere genießt. In diesem Fall sollten die unterschiedlichen Rollen aber klar sein und die Verteilung nicht den Verdacht aufkommen lassen, dass einer von zweien engagierter bei der Sache ist.

- Die im Rahmen dieses wunderbaren Spiels empfangenen Daten sind nur für diesen Zweck angefertigt – und sollen deswegen auch nur dafür verwendet werden.

- Wie jede intime Szene lebt auch das Sexting von seinem Momentum, und das ist nicht beliebig wiederherstellbar. Was einen Tag kribbelnd gut funktioniert, wirkt am nächsten Tag und unter geänderten Alltagsvorzeichen nur müde aufgewärmt oder allzu kalkuliert. Es gilt also abzuwägen, ob die Situation die Richtige ist und eine Wiederholung wirklich schon wieder angebracht.

Liebesgaben

In früheren Zeiten baute, wer es sich leisten konnte, seiner Liebsten ein Schloss. Heute werden als Liebesbeweise immerhin noch Schlösser an Brücken gehängt, was bei näherer Betrachtung ein ziemlich martialischer und unromantischer Akt ist.

Noch banaler sind die Liebesbeweise unserer virtuellen Gegenwart. »Für dich melde ich mich heute bei Tinder ab!«, ist ein Kompliment, das schon deutliche Spuren von Verliebtheit aufweist. Es folgen erste öffentliche Auftritte als Paar – also das erste gemeinsame Selfie auf Instagram und die Änderung des Beziehungsstatus auf den anderen Plattformen.

Dieses Web-Outing ersetzt heute das erste Händchenhalten auf dem Pausenhof. Der Vorteil daran ist, dass man das Getuschel und Gekicher der anderen nicht hört und sich zumindest einbilden kann, dass sich die ganze Welt über das eigene Glück freut. Nichts wird auf Facebook und Co schließlich so reflexhaft bejubelt und gutkommentiert wie die Nachricht einer neuen Paarung. »So süß, ihr zwei!«

Getuschelt wird natürlich trotzdem, darüber sollte man sich im Klaren sein und auch über den Umstand, dass jeder Expartner diese Vorgänge in Lichtgeschwindigkeit zugetragen bekommt bzw. selbst registriert. Bevor man also öffentlich das Aufgebot bekannt gibt, sollte man sich seiner Sache einigermaßen sicher sein. Es gibt schon so genug Fehldeutung. Harmlose Umarmungen auf Fotos, ironisch gemeinte Liebesbekundungen, banale Freundschaftsanfragen genügen Eifersüchtigen und Missgünstigen als Anlass für Tratsch und Nachrede. Derlei kann und sollte einem egal sein, aber man darf es eben nicht vergessen.

Man kann zu noch intimeren Zuneigungsbekundungen greifen. Wer seiner Affäre das Wi-Fi-Passwort in der eigenen Wohnung anvertraut, für den ist es schon mehr als nur ein Abenteuer – eher ein Vertrauensbeweis, kurz vor dem eigenen Wohnungsschlüssel! Noch mal später, wenn man schon alles andere teilt, teilt man auch die Passwörter.

Das ist ein Schritt, der eingeborenen Netzmenschen außerordentlich schwerfällt. Seit dem ersten eigenen E-Mail-Konto liest man schließlich Artikel über Passwortsicherheit und fürchtet diesbezüglich ohnehin schon lange den eigenen Schlendrian. Denn je zahlreicher und persönlicher die Dinge werden, die wir im Netz abwickeln, desto mehr Gewicht bekommen diese kleinen Geheimwörter.

Wie groß die Liebe auch sein mag, ganz freiwillig rückt man das Passwort deshalb nicht raus, meistens geschieht es im Zuge des gemeinsamen Lebens und aus praktischen Gründen – man braucht dringend eine Datei vom heimischen Laptop, sodass der Liebste eben nun mal notgedrungen in Kenntnis gesetzt werden muss.

Derartige Offenbarungen gehören zu den Intimitäten zwischen zwei Menschen und sollten genauso behandelt werden – auch bei einer Trennung. Nach der man alle seine Passwörter einer großzügigen Inventur unterziehen sollte.

Haben Liebe und Vertraulichkeit Dich an ein Geschöpf gekettet und Eure Bande würden getrennt, sei es nun durch Schicksale, Untreue und Leichtfertigkeit des einen Teils oder durch andre Umstände, so handle nach dem Bruche, oder wenn die Verbindung sonst aufhört, nie unedel!

Trennung

Wenn eine Liebe zu Ende geht, ist für Anstandsregeln meist wenig Platz, zu elementar sind die vorherrschenden Empfindungen. Dabei birgt gerade die Netzwelt unwägbare neue Schmerzquellen, auf die man sich vorbereiten sollte. Schließlich geht man sich zwar im echten Leben aus dem Weg, ist aber nicht dagegen gefeit, dass einem ständig das Profil des Ex begegnet und man in gemeinsamen Chatgroups, Insta-Feeds und Co weiterhin zusammen angesprochen wird bzw. ungewollt am Leben des anderen teilnimmt. Je nach eigener Empfindlichkeit sollte man diese potentiellen Querschläger mit der gleichen Gründlichkeit tilgen, mit der man auch handfeste Überbleibsel verbrennt oder aus dem Fenster wirft. Zum guten Ton gehört, dass man ein eventuell diskreditierendes Vermächtnis des anderen auch über die Trennung hinaus vertraulich behandelt. Sogenannter »revenge porn«, bei dem also der Gehörnte Rache nimmt, indem er intime Bilder oder sonstige Entblößungen ins Netz stellt, gehört zu den niederträchtigsten Web-Erscheinungen.

*A*n Orten, wo man sich zur Freude ver-
sammelt, beim Tanze, in Schauspielen
und dergleichen, rede mit niemand von
häuslichen Geschäften, noch viel weniger
von verdrießlichen Dingen. Man geht
dahin, um sich zu erholen, um auszuruhn,
um kleine und große Sorgen abzuschütteln,
und es ist also unbescheiden, jemand mit
Gewalt wieder mitten in sein tägliches Joch
hineinschieben zu wollen.

Du sollst nicht kleinreden

Es gehört zu den seltsamen Naturgesetzen der Netzöffentlichkeit, dass gebaute Sandburgen gleich wieder zerstört werden müssen.

Kein fröhliches Meme, kein lustig überbordender Beitrag, kein kreatives Vorpreschen, ohne dass nicht gleich jemand seine Bedenken darüber ausdrücken muss, diesen und jenen Einwand darunter vorträgt oder extra in Archiven kramt, um die Sache lakonisch einzuordnen. Kinderfotos sind ein gutes Beispiel dafür. Das sind meistens Zeugnisse eines schönen Tages, gepostet im Eifer der Elternschaft, nur um sogleich von erhobenen Zeigefingern aus allen Himmelsrichtungen gestutzt und in die Nähe einer großen Dummheit gerückt zu werden.

Von den konkreten Argumenten für und wider einmal abgesehen – dieser reflexhafte Widerspruch, die zuverlässig vorgebrachte Besorgtheit, ist ein ziemlich anstrengendes Verhalten der lieben Mit-User. Zumal viele Menschen im echten Leben nie auf die Idee kämen, eine fröhliche Gruppe oder eben stolze Eltern umgehend zur Vorsicht zu ermahnen oder mit Gegenargumenten zu belegen. Nein, es ist das ins Netz Geschriebene, die freimütig dokumentierte Freude und der Glanz der anderen, was diese Misstöne offenbar provoziert. Aber nur weil man lange Zeit hat, darüber nachzudenken, und vielleicht einen neidvollen Stich spürt, sollte man nicht kleinlicher reagieren, als man eigentlich ist. Auch im Netz sind Großherzigkeit und Empathie erlaubt.

*E*rgreife warm und eifrig die Partei
Deines Freundes, aber nicht auf
Unkosten der Gerechtigkeit und Redlichkeit.

Kavalier 2.0

Folgendes ereignete sich neulich in der Facebook-Nachbarschaft: Eine Autorin hatte in einem Artikel zum Thema Kindeserziehung eine persönliche Stellung bezogen, was immer einem Zündeln am Pulverfass gleichkommt. Solange der Text nur in einem Magazin erschienen war, blieben die Reaktionen übersichtlich. Kaum online, sah sich die Autorin aber von allen Seiten bedrängt, zurechtgewiesen, beschimpft. Das ist eine für Journalisten mittlerweile recht übliche Erfahrung, die in diesem Fall aber auch sehr persönliche Attacken zur Folge hatte, schließlich drehte es sich um Kinder, da geht vielen ausgerechnet die gute Kinderstube verlustig.

Jedenfalls, die wackere Autorin trat daraufhin an, im Forum des Magazins ihre Meinung zu verteidigen, und geriet bald in den ungleichen Stellungskrieg, zu dem Debatten oft werden, bei denen sich jeder zur Teilnahme berufen fühlt. So weit, so alltäglich. Die Autorin aber, in ihrer Not, bat nach einiger Zeit Facebook-Freunde um Rückendeckung in diesem Scharmützel. Tatsächlich wankte bald das Kräfteverhältnis. Ein paar salomonische Zwischenrufe, ein paar neu geführte Argumentationen, schon hatte die Sache deutlich an Fahrt verloren, und man einigte sich schließlich auf das Unentschieden, das eigentlich schon zu Beginn festgestanden hatte.

Diese Form der aktiven Schützenhilfe erlebt man sicher nicht jeden Tag, wohl aber ist man nicht selten Zuschauer bei ähnlichen Wortgefechten. Soll man sich einmischen? Wie weit ist man im Netz eigentlich solidarisch? Müsste man nicht für eine Sache, einen Freund Partei ergreifen, wenn man sieht, wie sie in die Bredouille geraten?

Verlagert man solches Geschehen auf die gute alte Straße und in eine Situation, in der man eine Bekannte von einem Mob keifender Spielplatzmütter umringt gefunden hätte, so wäre man wohl hinzugetreten und sei es nur, damit sich die Angegriffene nicht ganz alleine fühlt. Wäre es gar zu Beleidigungen gekommen, hätte ein Gentleman wohl auf jeden Fall eingegriffen – Freundesstatus hin oder her, Ungerechtigkeit ist ihm schließlich ein Gräuel.

So beherzt und solidarisch darf man sich auch online zeigen. Das Verfahren ist ja das gleiche, und jeder braucht mal Hilfe. Gleichwohl ist nicht jede Meinungsverschiedenheit auf Facebook oder in einem Forum ein Aufruf für Schlachtenbummler, besinnungslos Partei für den Kumpel zu ergreifen –

auch wenn viele ihre Mitgliedschaft in dieser Richtung deuten.

So geartete Einmischung führt nicht selten zu einer unsachlichen Zerfaserung der Diskussion und ist vielleicht am Ende für den Freund sogar ein Bärendienst, wenn man ihm nämlich ungefragt in seine sachliche Argumentationskette scheppert – oder durch das Beispringen erst recht für eine Verschärfung des Tons sorgt.

Kraftausdrücke

Man muss keine Gouvernante oder besonders zartbesaitet sein, um festzustellen, dass eine Beleidigung oder ein obszönes Wort hingeschrieben einen ganz anderen Effekt haben als in die Luft gespuckt. Und das Netz ist nun mal ein in weiten Teilen geschriebenes Medium. Wenn man die Lyrics eines handelsüblichen Rapsongs ausgedruckt vor sich sieht, erscheinen sie einem als grotesk verwirrte Schimpftirade, die im Radio hingegen durchaus melodisch und sinnstiftend wirkt.

Es gilt also, besonders vorsichtig mit den verwendeten Ausdrücken zu sein. Jeder zweite Streit in einem Forum dreht sich um ein Wort, an dem ein anderer Anstoß nimmt.

*J*ähzornige Leute beleidigen nicht mit Vorsatz. Sie sind aber nicht Meister über die Heftigkeit ihres Temperaments, und so vergessen sie sich in solchen stürmischen Augenblicken selbst gegen ihre geliebtesten Freunde und bereuen nachher zu spät ihre Übereilung.

Vor dem Shitstorm

Bis vor etwa hundert Jahren gab es ein recht drastisches Verfahren, mit dem auf eine Ehrverletzung reagiert werden konnte: das Duell. Es folgte bis zu seinem bitteren Ende klaren Regeln, die dafür sorgen sollten, dass die Kontrahenten die gleichen Chancen hatten. Bevor es so weit war und die Pistolen geladen oder die Säbel gezogen wurden, gab es immer wieder Gelegenheit, die Sache gütlich beizulegen. Kam man trotzdem nicht zu einer Einigung, standen sich am Ende immerhin dieselben Kontrahenten gegenüber wie am Anfang. Man war sich einig, dass ein Streit etwas ist, das zwei Parteien betrifft und, frühmorgens ausgefochten, nicht notwendig den Rest der Welt zu interessieren hat.

Diese Einschätzung hat sich verschoben. In der virtuellen Welt lädt niemand mehr Pistolen und ein Streit hat kaum mehr die Chance, lediglich zwischen zwei Menschen ausgetragen zu werden. Stattdessen entstehen digitale Meinungsfronten und Massenprügeleien oder eher noch etwas, das eigentlich zu jeder Zeit als unsportlich verpönt war: viele gegen einen. Die faszinierenden Kräfte, die dabei auftreten, unterliegen kaum je einer Etikette, so wenig eben, wie ein Erdrutsch nach dem Weg fragt.

Es sei deswegen nur gesagt, dass es sich vor jeder Parteinahme schickt, die Sache zu prüfen und die Argumente abzuwägen. Und es ist grundsätzlich ziemlich wohlfeil und unwürdig, als Hundertster einen Witz oder eine Beleidigung auf Kosten eines anderen zu wagen, der ohnehin gerade in der Mitte des Kolosseums steht – mag er es auch noch so sehr verdient haben.

Nein, bei solchen viralen Treibjagden glänze man durch Abwesenheit! Schon allein, weil gerade die denkfaulen Mitläufer besonders schlecht aussehen, wenn sich das Blatt wendet oder sich die Sachlage verändert und neue Beweise ans Licht kommen – und das geschieht bei den neuen Massenmeinungsverschiedenheiten ziemlich oft! Nicht selten sehen sich die vorschnellen Kritiker bald selbst kritisiert oder niederer Beweggründe überführt.

Umso ärgerlicher, dass den Meisten, die kurz entschlossen auf den Sack gehauen haben, ein solches Benehmen im echten Leben niemals eingefallen wäre. Aber das Wissen um die Geschmacksmehrheit, das einfach gemachte Auftrumpfen und der leicht gerissene Gag sind bei Twitter und ähnlich offenen Plattformen ziemliches Standardverhalten geworden. Schließlich bieten solche ungleichen Schaukämpfe

Gelegenheit, sich zu profilieren – ein spöttelnder Kommentar mehr wird ohne weiteres beklatscht, und niemand fragt nach, was man eigentlich mit der betreffenden Nachricht oder Entwicklung zu tun hat. Es bleibt aber ein niederer Charakterzug, dem man zuletzt vielleicht auf dem Pausenhof nachgab.

Wer sich also vom tagesfrisch durchgereichten Skandal nicht direkt betroffen fühlt, sollte dieser Nicht-Betroffenheit Ausdruck verleihen – mit beredtem Schweigen.

Im Shitstorm

Wer eines Tages aufwacht und sich als Ziel eines Shitstorm sieht oder zumindest in einen seiner Ausläufer verwickelt, werde zunächst wach und setze seine Schritte dann sehr genau – erst mal unabhängig von der Schuldfrage. Wütendes Um-sich-Schlagen bringt im Netz in solchen Situationen ebenso wenig wie trotziges Schweigen.

Es ist sicherlich schwer, eine allgemeine Verhaltensregel für Shitstorms auszugeben, aber aus der Beobachtung der Wetterlage der letzten Jahre lässt sich zumindest ableiten, dass ein schneller und womöglich schmerzhafter erster Schritt des Betroffenen viel Wind aus der Webwut nehmen kann. Das bedeutet also ein reumütiges Eingestehen, ein zerknirschtes Zurückrudern, ein ehrliches Bitten um Verständnis oder auch einen schnellen und überzeugenden Gegenbeweis.

Wichtig ist, dass man dazu die gleichen Medien wählt wie die Shitstorm-Verursacher und auf Augenhöhe antwortet. Derlei führt zumindest fast immer dazu, dass die Kontrahenten noch mal genauer hinsehen, der Lynchmob sich differenziert und ein Teil der Umstehenden in Meta-Diskussionen über pro und kontra ergeht.

Der größte Fehler, den man machen kann, ist seine Widersacher und die Sache selbst zu unterschätzen. Oder darauf zu bauen, dass die schützenden analogen Mächte der alten Lorbeeren und Seilschaften stärker sind als der neue Gegenwind im Netz.

*E*s ist oft eine höchst sonderbare Sache um den Ton, der in Gesellschaften herrscht. Vorurteil, Eitelkeit, Schlendrian, Autorität, Nachahmungssucht und wer weiß, was sonst noch stimmen diesen Ton so, dass zuweilen Menschen, die an einem Orte zusammen leben, jahraus, jahrein, sich auf eine Weise versammeln, unterhalten, Dinge miteinander treiben und über Gegenstände reden, die allen zusammen und jedem einzelnen unendliche Langeweile machen.

Zurückhaltung

Eine schöne alte Regel besagt: Der Name eines Gentleman darf nur zweimal in der Zeitung auftauchen. Bei seiner Vermählung und bei seinem Tod.

Und bei der Zeitung sollte es sich idealerweise um die *Times* handeln, könnte man noch hinzufügen. Denn diese feine Regel stammt natürlich aus Großbritannien, dem Mutterland der Zurückhaltung. Sie ruft ins Gedächtnis, was der virtuellen Gesellschaft kollektiv verloren gegangen ist. Das Bewusstsein nämlich, dass es eigentlich nicht besonders schick ist, im Gerede zu sein. Genau darauf aber zielen so ziemlich alle sozialen Medien ab. Ihr Fluidum ist, dass jeder Einzelne heute von sich reden machen möchte und mit Bildern, Tweets und Postings Aufmerksamkeit für sich beanspruchen kann. Vornehme Zurückhaltung im Sinne der britischen Lords ist also längst passé, und auch Andy Warhols 15 Minuten Ruhm scheinen nicht mehr ganz zeitgemäß. Eine fünfstellige Follower-Zahl oder eine Million Klicks bei YouTube ersetzen die altgediente Viertelstunde.

Dennoch kann man etwas aus diesen antiquierten Vorgaben mitnehmen: Publik sein ist immer noch kein Selbstzweck. Nicht alles in der Timeline und den Feeds verlangt nach meinem Fingerabdruck, meinem Kommentar, meinem Like. Wer sich ständig selbst einwechselt, erweckt schnell den Verdacht, dass es sonst keiner tun würde.

Mit Blick auf die moderne Medienrezeption schrieb der amerikanische Medienwissenschaftler Neil Postman von der Entertainisierung aller Dinge. Tatsächlich scheint man sich selbst im Netz unentwegt in eine Zuschauermenge einzureihen, der stündlich neue Dinge vorgeführt und hingeworfen werden, in der sich die banalsten Nachrichten und Klatschgeschichten unversehens zum trendigen Topic auswachsen können und nach dem höchsteigenen Senf verlangen. Das tun sie nicht, das ist nur die Illusion, die Plattformgründer so perfekt verkaufen.

Das immer offene Kommentarfenster unserer Geräte ist der Berg, auf den Sisyphos seinen Fels rollt, immer und immer wieder, ohne je an ein Ende zu gelangen.

Das Gegenteil von gut

Seine hellsten Stunden erlebt das Netz, wenn es grenzübergreifend und schnell Hilfsaktionen auf die Beine stellt und Solidaritätsaufrufe, Sammelaktionen oder Petitionen organisiert, die durchaus den Lauf der Dinge in der Welt beeinflussen können. Bei aller Selbstverständlichkeit, mit der man diese wohlmeinenden Aktionen unterstützt, teilt und betrommelt, sollte man aber nicht weniger wachsam sein als in der Fußgängerzone. Das Netz ist leider voll von erfundenen Tränendrüsengeschichten über Hunderetter in Rumänien oder dringend notwendige Operationen bei Kindern – die offenbar schon seit Jahren gleich dringend sind, jedenfalls werden sie immer wieder durch die Timeline gejagt.

Auch vermeintlich wohlmeinende Sicherheitswarnungen bereichern die Zeit nach großen Terroranschlägen zuverlässig. Sie sind nach dem immer gleichen Muster gestrickt, beziehen sich auf eine persönliche Quelle in einem Ministerium oder sonstigen Sicherheitsbehörden und haben damit einen verflixt authentischen Charakter, weshalb man auch gleich seine Freunde warnt und selbst der alten Mutter eine SMS schickt. Die Münchner Polizei hat aber unlängst klargestellt, dass diese Warnungen allesamt erfunden sind und nichts bewirken, außer mit minimalem Aufwand große Teile der Bevölkerung zu ängstigen. Als Multiplikator von Falschmeldungen trägt man dafür Verantwortung.

Auch Hinweise auf Kältebusse und die entsprechenden Nummern, die man wählen soll, um einem Obdachlosen im Winter an ebensolche zu vermitteln, erleben eine unerwartet hohe Fälschungsrate – der man immerhin leicht auf die Sprünge kommt. Einmal die Nummer anrufen und sehen, was es wirklich damit auf sich hat. Das verlangt zwar etwas mehr Engagement als nur einen Mausklick, aber das schadet nicht.

Allgemein gilt: Wer sich den kleidsamen Anstrich der Wohltätigkeit geben möchte, sollte nicht enttäuscht sein, wenn es mit dem Mausklick nicht vorbei ist.

Sich selbst vermessen

Das sogenannte Selftracking ist eine zunehmend komplexe neue Spielart der Gerätchen. Da man die Dinger ohnehin am Körper trägt, war es nur ein kleiner Schritt, sie auch die Körperdaten messen und auswerten zu lassen. Den richtigen Umgang damit mag jeder mündige Mensch für sich selbst bestimmen. Es sei an dieser Stelle nur zu bedenken gegeben, dass die Selbstoptimierung, der man damit nachgeht, kein besonders sympathischer Zeitvertreib ist.

Auf Außenstehende wirkt das ständige Sichten und Diskutieren der eigenen Bio-Bilanz schnell wichtigtuerisch, vor allem wenn es den ganzen Alltag bestimmt und alles nur noch auf seine Auswirkung hin geschätzt wird. Jeder will gesund sein, und die Optimierung ist bis zu einem gewissen Grad ein menschlicher und sozialer Reflex. Wer aber mit der peniblen Sorge um seinen Körper die Gesellschaft kontaminiert und andere zwingt, sich mit seinen Cholesterinwerten und idealen Pulsschlägen auseinanderzusetzen, gibt nicht nur ein zutiefst selbstverliebtes Bild von sich ab, sondern ist auch langweilig.

Nur weil es uns als Fortschritt und Zukunft verkauft wird, ist es noch lange kein geistreicher Zeitvertreib.

Darüber hinaus löst der akribische Selftracker bei seinen Mitmenschen Schuldgefühle aus, weil sie vielleicht ihren Blutdruckwert nicht kennen oder ihr Ziel in Sachen gelaufener Schritte einem gemütlichen Abend auf dem Sofa opfern wollten.

Nicht vergessen: Missionarische Zurechtweisungen und gute Ratschläge für ein gesünderes Leben sind sehr guten Freunden und Familienmitgliedern vorbehalten. Sonst sind sie ungefällige Eingriffe in die Lebenshoheit anderer Menschen.

Man glaubt es gar nicht, welch ein eintöniges Wesen man wird, wenn man sich immer in dem Zirkel seiner eigenen Lieblingsbegriffe herumdreht, und wie man dann alles wegwirft, was nicht unser Siegel an der Stirne trägt.

Unhöflichkeit

Schon immer war es leichter, unhöflich zu sein als höflich, denn der Unhöfliche muss nur an sich selbst denken und keine Rücksicht walten lassen, er posaunt sein Befinden und seine Meinung hinaus in die Welt, handelt nur im eigenen Dienst und hält das dann womöglich auch noch für besonders zielstrebiges Verhalten.

Die Netzwelt hat den Horizont der Unhöflichkeit noch mal erweitert, und auch falsche Höflichkeit ist hier an der Tagesordnung. Die Unhöflichen können sich anonym und ziemlich einfach austoben. So mancher, der es sich im echten Leben nicht trauen würde, rüpelt in Kommentaren und Blogeinträgen herum.

Es muss wohl nicht extra betont werden, dass es keinen Unterschied macht, ob man im Netz oder im Linienbus unhöflich ist. Hier wie da verschandelt man die Errungenschaften der Zivilisation, man ist eben nicht edel, hilfreich und gut, sondern fällt auch in der einfachsten Solidargemeinschaft durch, die es gibt: die der denkenden, mitfühlenden Menschen.

Durch das weltweite Publikum im Netz hat man auch kulturell unterschiedliche Auffassungen von Höflichkeit, die sich unsichtbar eng abwechseln. Man gerät deshalb auch mit guten Absichten unversehens in Fettnäpfchen.

Auf amerikanischen Seiten etwa sind die Themen Militär, nationales Bewusstsein und Körperlichkeit deutlich anders gewichtet als bei uns. Eine unbedarfte Flapsigkeit, eine satirische Bemerkung kann hier schnell große Empörung hervorrufen, und schließlich, wenn man seine Herkunft preisgegeben hat, die Vorurteile zwischen den Völkern noch vertiefen.

Auch zwischen westlichen und asiatischen Nutzern gibt es Unterschiede, die mit der allgemeinen Selbstwahrnehmung als Individuum hier wie dort zu tun haben. Europäer und Amerikaner schreiben und argumentieren meist aus der Ich-Perspektive, bauen ihre Internetpräsenz ganz auf ihrer eigenen Person auf und versuchen, ihr Bekanntennetz zu erweitern. Asiatische Nutzer haben dagegen oft eine Wir-Form verinnerlicht, scheuen vor allzu persönlichen Darlegungen zurück, definieren sich mehr durch Rolle und Beziehung mit anderen und pflegen vor allem bestehende Bekanntschaften.

Wären wir tatsächlich an einem Stammtisch in Texas oder Tokio, so würden uns ein bisschen Zurückhaltung und Anpassung wahrscheinlich leicht fallen; die meisten Menschen kennen ja noch eine

Ehrfurcht vor dem Fremden, die sie automatisch etwas höflicher und leiser auftreten lässt. Durch die grenzenlose Kommunikation und eine globale Gleichzeitigkeit bei vielen Themen, gerade aus dem popkulturellen Bereich, gerät aber eben oft in Vergessenheit, dass man mit seiner Meinungsaxt in den unterschiedlichsten Kulturkreisen und Gesellschaften herumschlägt.

Newsletter

Bei jedem Kauf im Netz, mit jedem neuen Forum und jeder neuen Registrierung fängt man sich Newsletter ein. Im Sinne der Postfachhygiene sollte man dieses Informationstreibgut gelegentlich sortieren und auf seine Notwendigkeit prüfen. Falls keine Abmeldung per Link möglich ist, reicht ein formloses »Bitte vom Verteiler nehmen« in der Betreffzeile als Antwort. Man muss sich weder dafür rechtfertigen noch allzu großes Mitleid mit dem Urheber haben. Im Gegenteil: Eigentlich ist es unhöflicher, jahrelang einen Newsletter zu erhalten, ohne je – sei es mit einem Einkauf oder sonstiger Interessensbekundung – darauf zu reagieren.

*Z*eige Vernunft und Kenntnisse, wo Du Veranlassung dazu hast! Nicht so viel, um Neid zu erregen und Forderungen anzukündigen, nicht so wenig, um übersehn und überschrien zu werden! Mache Dich rar, ohne dass man Dich weder für einen Sonderling, noch für scheu, noch für hochmütig halte!

Gewandtheit

Das schöne Wort der Weltgewandtheit beschreibt das Talent eines polyglotten Menschen, der sich in vielen Situationen und in unterschiedlichen Kulturen bewegt hat und der deshalb zu mehr Perspektiven in der Lage ist als einer, der die eigene Komfortzone und das vertraute Umfeld niemals verlassen hat. Solch eine Gewandtheit gibt es auch in der digitalen Welt. Sie umfasst den souveränen Auftritt auf mehreren sozialen Plattformen ebenso wie Aufgeschlossenheit gegenüber neuen Werkzeugen und Spielarten, das Wissen um die aktuellen Codes, eine praktische Vielsprachigkeit, die auch Symbole und Neologismen einschließt, und eben die Bereitschaft, die Perspektive auch mal zu verändern und das Geschehen aus einem etwas höheren Blickwinkel zu betrachten.

Diese Eigenschaften sind notwendig, um der immer schnelleren Abfolge technischer Verknüpfungen und Neuigkeiten mit Offenheit und Gelassenheit zu begegnen. Wer sich zu sehr an das Gewohnte klammert oder das schnöde »Wofür brauch ich das?«

zunächst den Computern, dann dem Internet, dem Smartphone und schließlich den sozialen Medien anhaftet, ist mitnichten ein kritischer Geist, sondern nur ein arg bequemes Bäuerlein, das ablehnt, was es nicht kennt.

Es ist immer leichter, das Althergebrachte zu verteidigen, als sich neuen Errungenschaften zu stellen.

*E*nthülle nie auf unedle Art die Schwächen Deiner Nebenmenschen, um Dich zu erheben! Ziehe nicht ihre Fehler und Verirrungen an das Tageslicht, um auf ihre Unkosten zu schimmern!

Ironie

»Ironie off« liest man in beängstigender Häufigkeit hinter Tweets und Facebook-Postings. Meistens zeichnen sich die so markierten Einträge aber nicht etwa durch besonders schwer verständliche Ironie aus, sondern nur durch Überflüssigkeit oder wohlfeile Häme. An deutschen Journalistenschulen gilt der Lehrsatz: Ironie ist ein häufig missverstandenes Stilmittel. Es würde nicht schaden, das auch im Netz gelegentlich zu beherzigen.

Gleichwohl ist es kein Wunder, dass Ironie zu einer Art Grundempfindung der Netzgesellschaft wurde. Schließlich ist die Distanz, mit der Ironiker seit jeher die Welt betrachten, ein probates Mittel, um die Flut an Informationen, Absonderlichkeiten und Rätseln einzuordnen, die das Web unablässig anschwemmt. Ironie versetzt ihre Anhänger in die Lage, nahezu alles zu verarbeiten, egal wie weit außerhalb ihres Ermessens es eigentlich ist. Sie ist ein Schlüssel, der überall passt und alles erträglich macht.

Die Vorzüge dieser spöttischen Distanz sind aber

gleichzeitig auch ihr Nachteil. Wer sich intensiv im Netz bewegt, hat bald die Ironie als zusätzliches Sinnesorgan adaptiert und läuft Gefahr, die Fähigkeit zu echter Anteilnahme, richtigem Interesse und wahrer Geistesgegenwart einzubüßen. Im Netz fällt das nicht weiter auf, schließlich liefert es ununterbrochen Futter und fordert nichts. Ironie als Dauerzustand mag für den Beobachter und Chronisten dort also noch hinreichendes Stilmittel sein. Wer es als Treibstoff seines gesamten Daseins wählt, geht unweigerlich auf Distanz zu allem und das ist in summa dann eine Strategie, die ihren Menschen ziemlich einsam macht.

Exkurs:
Der Netzflaneur

Am Nachmittag des 1. Juni 1938 wird Ödön von Horváth auf den Pariser Champs-Élysées von einem Baum erschlagen. Der Schriftsteller hat an diesem Tag im Kino erst *Schneewittchen* von Walt Disney gesehen und später im Kaffeehaus mit dem Regisseur Robert Siodmak über die Verfilmung von *Jugend ohne Gott* gesprochen. Dann ist er durch die Straßen gebummelt und hat sich, als ein Gewitter heraufzog, unter die Markise eines Theaters gestellt, wo ihn der Ast einer Kastanie trifft. Der Arbeitsunfall eines Flaneurs. In den Manteltaschen des Toten finden sich, so die Überlieferung, politische Gedichte und Pornographie. Mit Ödön von Horváth stirbt an diesem Tag die Epoche der Kaffeehaus-Bohème. Was der Baum nicht erlegt hat, erledigt wenig später der Krieg, danach sind die Städte anders und die Menschen. Das aufmerksame Spazieren durch die Moderne, das Menschen wie Baudelaire, Hessel und Benjamin einige Jahrzehnte lang zur Kunstform erhoben haben, wird von eben dieser Moderne zunehmend unmöglich gemacht. Das Automobil löst den Fußgänger ab, und die Kunst hat fortan mit dem Aufarbeiten der Vergangenheit genug zu tun. Treiben lassen geht eben nur bei gemäßigtem Wellengang, Nichtstun ist nur bei gemäßigter Produktivität unverdächtig. Der Flaneur wird also, wie der Snob und der Gentleman, zu einer Wachsfigur im Museum der europäischen Geschichte.

Ausgerechnet das amerikanische Militär eröffnet ihm aber ein halbes Jahrhundert später neue Boulevards. Schon in den ersten Jahren der Internetkultur taucht der Begriff des Flaneurs wieder auf, weil zwischen den piependen Modems eine Moderne entsteht, die zu betrachten sich lohnt. Seitdem wird der Cyberflaneur regelmäßig beschworen, denn die Parallelen sind verlockend. Ist das, was so romantisch »Surfen« (heute schon wieder ein altmodischer Begriff) genannt wurde und schon im Wort eine herrliche Freiheit hatte, nicht die perfekte Entsprechung dessen, was die Kreativen hundert Jahre vorher so ausdauernd praktizierten? Facebook als Kaffeehaus, eBay als riesiger Trödelmarkt, YouTube als Lichtspielhaus, Amazon als endloses Schaufenster, Etsy als Handwerkergasse, Tinder als Stundenhotel, Blogs als Ateliers? Die Wege dazwischen so verwinkelt und verlinkt wie das herrlichste Gassengewirr von Paris. Schöne Schaufenster gleich neben Schneewittchen, politischen Pamphleten und Pornographie, leichte Muse neben Abgründen, Katzencontent klick

Kanzlerin-News klick Kommentarschlägerei? Ja, das ist das Netz. Keine Frage, es ist lebendiger als die heutigen Innenstädte und spannender als die meisten Cafés. Aber auch viel schwieriger zu begreifen.

Spätestens seit der Evolutionsstufe Web 2.0, seitdem also einzelne Menschen riesige digitale Ökosysteme füllen können, dehnt sich der virtuelle Raum ins Unendliche. Es ist eben keine Stadt mehr, durch die der Flaneur schlendert, es ist eine Welt. 144 000 Stunden Videos werden täglich auf YouTube geladen, 350 Millionen Bilder pro Minute allein auf Facebook veröffentlicht, bis zu 140 000 Tweets pro Sekunde geschrieben. Diese Spielwiese kann sich der Netzflaneur nicht mehr einfach so ersurfen (wer surft überhaupt noch einfach so?), er muss sie sich technisch urbar machen. Er ist deswegen heute notgedrungen halb Nerd, halb Trüffelschwein. Reichten einst Staubmantel und Notizbuch, muss er jetzt viele Instrumente dirigieren und digitale Macheten schwingen, um überhaupt noch einen Weg zu finden. Er kann dabei nicht mehr auf seine Sinnesorgane vertrauen, weil sie schlicht zu analog sind, sie nützen in der virtuellen Welt nichts. Nein, er muss Filter nutzen und bereit sein, Apps und Algorithmen für sich arbeiten zu lassen. Notizbücher wie Evernote oder virtuelle Vitrinen wie Pinterest, Feedreader, Listenfunktionen, Tags und Hashtags filtern, sammeln und bewahren die Fundstücke aus den Fluten der Netzwerke und Plattformen. Kleine Schmetterlingsnetze im riesigen Kosmos. Aber diese Hilfsmittel verändern den aufmerksamen Spaziergänger. Die Gefahr ist groß, dass der selbstbestimmte Beobachter zu einem überforderten Archivar wird. Die Neugier des Flaneurs wandelt sich von einer aktiven Tugend zu einer eher passiven Eigenschaft. Früher suchte er Schätze. Heute managt er wie alle anderen Netznutzer vor allem zunächst seinen Input.

Dem alten Flaneur war alles langweilig und interessant zugleich, er fahndete nach den geheimen Codes im städtischen Treiben. Der neue Flaneur muss ständig aussieben und sortieren, um nicht verschüttet zu werden. Und er muss eine Vielzahl an Codes sowohl kennen als auch befolgen, um sich so frei zu bewegen, wie er es möchte. Es ist vielleicht interessant zu bedenken, dass die Bohèmiens der 90er-Jahre, also jene auffällig gewordene Gruppe der deutschen Popliteraten und Meta-Journalisten im Webzeitalter keine ähnlich geartete Rolle spielen – sieht man von wenigen Ausnahmen ab. Fast als hätten sie von Beginn an begriffen, dass ihr Stil und ihre Werkzeuge dort veraltet sind.

Stattdessen erzeugt das Netz längst seine eigene kreative Klasse, der man die Zerzaustheit und das unentwegte Luftholenmüssen im digitalen Hochwasser anmerkt, auch wenn sie noch schnell Preise der alten Welt verliehen bekommen, Bachmann- und

Friedenspreise zum Beispiel. Mehr als früher haben diese Einordner und Vordenker im Netz das Problem, in einem Meer von Ausdrucksformen die richtige und stärkste zu finden. Wort, Bild, Ton? Alles zusammen? Welches Gefäß? Wie wird man gehört? Welche Mode, welcher Stil herrschen eigentlich vor?

Dieser Stress birgt die Gefahr der Einkapselung. Der alte Flaneur löste sich gezielt aus seinem Milieu und driftete ins Fremde, fand dort Irritation und Inspiration. Der neue baut eher eine Wagenburg aus sozialen Kontakten und geprüften Aggregatoren, in die leider, so die These von der »Filterblase«, wenig dringt, was anders tönt. Der Echoraum der virtuellen Gesellschaft, in der sich der Netz-Bohèmien dabei bewegt, ist trügerisch. Die großen Fragen muss er doch einsam mit sich und der Tastatur ausmachen: Wann reagieren, wann ignorieren? Digitales Flanieren ist die beständige Unterscheidung in wichtig/unwichtig. »Täglich mehr als eine Antwort«, warb die *Süddeutsche Zeitung* einmal für sich, und sie untertrieb damals schon. Das Netz jedoch bietet sekündlich unendlich viele Antworten und neue Fragen – und alle Inhalte der Zeitungen dieser Welt dazu. Es steckt etwas Pathologisches in dieser Völlerei des Virtuellen. Nicht umsonst werden sich rasch verbreitende Netzphänomene »viral« genannt. Sie stecken an, machen krank. Der Mensch wird unglücklich angesichts von 99 Joghurts im Supermarktregal. Wie entsetzen muss ihn eine niemals zu erfassende Welt geistiger Stimulanzien?

Das war ähnlich, als zur vorletzten Jahrhundertwende Georg Simmel die Blasiertheit als einzige Rettung vor Neurasthenie erkannt haben wollte. Schon damals kamen also manche Denker auf die Idee, sich selbst vor allzu vielen Reizen zu schützen, um sich ihre Klarsicht zu bewahren. »Digital Detox« betreiben dann heute folglich auch jene, die unglücklich werden ob ihrer eigenen Web-Stumpfheit. Eine Woche ganz ohne Smartphone und Netz scheint ihnen die Rettung. Gerade deswegen ist ein mündiger Beobachter, Destillateur oder eben Flaneur im Web aber wichtiger denn je. Er übt, als Blogger, Twitterer, nicht als Multiplikator, sondern eben gerade als Dividend, eine wichtigere Funktion aus als die meisten der Kaffeehausliteraten früher – allein, weil er mehr Gefolgsleute hat. Weil er jeden Gedanken sofort an Millionen um die Welt schicken kann.

Doch fehlt im Netz auch etwas: Die viel besungene Authentizität hat selten Platz und zwar nicht nur, weil Facebook (noch) keinen Kaffee serviert. Nein, wenn man durch die Straßen spazierte, sah man mitunter auch, was an niemanden adressiert war: Unfälle, erste Schritte einer neuen Mode, stilistische Ausbrüche, brennende Zeppeline, Aussagen ohne Code, so frisch waren sie, archaischen Zeitgeist. Aus dieser Ressource konnte der Flaneur wieder etwas schaffen. Im Netz jedoch ist alles schon inszeniert. Es fehlt der edle Rohstoff, das Nicht-Gemachte. Jede Äußerung existiert nur in ihrer ersten Ableitung für das diffuse Publikum da draußen. Und: Nichts ist jemals endgültig oder endgültig ernst, alles kann auch anders gemeint sein. Hetze gegen Juden, Frauen, Schwule? Satire! Schlechter Stil, Geschmack, Ausdruck? Trash! Das (gewollte) Missverständnis muss vom Betrachter immer mitgedacht sein. Dabei boomt ein Stilmittel, das unsere Zeit einmal bezeichnen könnte, die Ironie. Weil jede Äußerung schon mit einer Absicht, formatiert und reflektiert auf die Netzwelt kommt, ist der Beobachter reflexhaft geneigt, einen doppelten Boden einzuziehen. Als Schutz vor Fehlern im eigenen oder fremden Code. Um allen Attacken und Täuschungen gegenüber immun zu sein.

Ironie ist freilich ein Allheilmittel, das auch in den Kaffeehäusern einst in feiner Dosis ausgeschenkt wurde. Als Sigmund Freud 1938 aus Österreich ausreisen durfte, musste er eine Erklärung unterschreiben, dass man ihn seit dem »Anschluss« anständig behandelt habe. Er bat, einen Satz ergänzen zu dürfen, und schrieb: »Ich kann die Gestapo jedermann aufs Beste empfehlen.« Auf das im Netz zur Schau gestellte Elend reagieren die Beobachter heute tagtäglich wie Freud damals: mit Galgenhumor – solange sie nicht selbst am Galgen hängen.

Darunter leidet der heilige Ernst, der frühere Debatten und Stildiskurse bestimmte. Die Tischhoheit, die Sicherheit der eingeschworenen Runde fehlt dem Netzbummler. Heute ist gleich die Öffentlichkeit der schmutzige Standard aller Dinge und die Ironie die Werkseinstellung der Weltsicht. Und der Flaneur hat noch etwas verlernt. Typen wie Ödön von Horváth stellt man sich als zwischenmenschlich talentierte Einzelgänger vor. Wenn auch meist allein unterwegs, mussten sie doch mit gewisser Empathie gesegnet sein, mussten mindestens im engen Kaffeehaus erklären und zuhören wollen. Mussten fühlen können, was die anderen fühlten.

Heute ist eher das Gegenteil gefragt: Wer sich zu emphatisch hinauswagt, kommt viel zu leicht um, in Shitstorm und Cyber-Mobbing. Wer seine Sensoren nicht abzuschalten oder zumindest zu dämpfen weiß, bekommt die volle Dröhnung Empörung, Leid und Euphorie. Stark im Netz ist vor allem, wer nie schwach wird angesichts all der Schwäche. So brachte das Netz in Teilen auch eine Avantgarde hervor, die eher schwierig im Umgang scheint. Aufstieg und Fall der Piratenpartei etwa wurden begleitet von einer Gnadenlosigkeit, einem bösen Ton, wie er nur im schriftlichen Raum entstehen kann. »Alter, wie verstrahlt bist du denn? Du merkst ja gar nichts mehr«, schrieb 2013 der Berliner Fraktionsvorsitzende der Piraten Christopher Lauer seinem politischen

Geschäftsführer Johannes Ponader als SMS, die dieser flugs auf Twitter veröffentlichte. Ohne die lindernde Wirkung von Gestik, Mimik und vielleicht sichtbarer Betrunkenheit wirft man sich Dinge an die Avatarköpfe, die in der echten Welt verpönt sind. Es gibt, und das ist neu, den Flaneur jetzt eben auch als Troll, als böse Abart, die nicht dem Humanismus huldigt, sondern der Destruktion.

Und dennoch: Jede Information, jeder denkbare Impuls nur eine Bewegung des Zeigefingers entfernt – wie sprachlos die alten Flaneure angesichts dieser Wunderkammer wären! Überall warten Horváths Manteltaschen! Und in der Schale steckt doch die alte Nuss: Klickt man in einem beliebigen Wikipedia-Artikel immer auf den ersten nicht-kursiven und nicht in Klammern stehenden Link, landet man entweder in einem Kreislauf von Artikeln, die aufeinander aufbauen oder, mit Zwischenhalt bei »Wissenschaft«, letztlich beim Artikel zu »Philosophie«. Genau wie einst jedes gute Gespräch im Café Griensteidl im alten Wien der Literaten. Trotz oder gerade wegen ihrer unmenschlichen Eigenschaften ist die virtuelle Welt das Beste, was den Sinnsuchern und Spaziergängern passieren konnte, nie war das Flanieren so vielversprechend. Das Netz ist ein Schlaraffenland, ein Paris für jeden wahrhaft neugierigen Geist. Er muss nur loslaufen – und sich weiterhin vor Gewittern in Acht nehmen.

*S*ei vorsichtig im Tadel und Widerspruche! Es gibt wenig Dinge in der Welt, die nicht zwei Seiten haben. Vorurteile verdunkeln oft die Augen selbst des klügern Mannes, und es ist sehr schwer, sich gänzlich an eines andern Stelle zu denken.

Rezensionen

Eine bisweilen recht unterhaltsame Gattung der Netzliteratur ist die Rezension geworden. Sie wird heute an tausend Stellen ungefragt präsentiert.

Ob man ein Hotel sucht oder einen Wasserkocher, Krethi und Plethi waren jeweils schon da, und ihr Urteil soll nun auf die eigene Suche und Entscheidung wohltuend Einfluss nehmen. In einigen Situationen ist das sicher der Fall und das Bewertungssystem gewissermaßen eine Art beschleunigter Produktdarwinismus. Was von vielen für tauglich befunden wurde, wird nicht nur bei der Suche nach oben gespült, die Chancen sind gut, dass auch der nächste Käufer damit zufrieden sein wird, was wiederum dazu führt, dass gut bewertete Bücher und Produkte noch mehr gute Rezensionen sammeln, die so fast über Nacht zu einer sich selbst erfüllenden Prophezeiung werden. Schon statistisch ist es einfach so: Was viele lesen, finden auch annähernd viele gut.

Genau diese quantitative Zufriedenheit ist aber auch das qualitative Problem der Rezensionen, denn fast alle übersehen eine simple Tatsache: Kein Mensch ist gleich. Jeder hat andere Neurosen, jeder nutzt sein Hotelzimmer oder den Wasserkocher ein bisschen anders, an einem anderen Tag und in anderer Geisteshaltung. Der eine liest zur Entspannung, der andere möchte etwas lernen, der dritte möchte weinen. Absehbar, dass zwei davon von einem neuen Roman enttäuscht sind.

Die Annahme, dass ein Mensch schon weiß, was für den anderen richtig ist, bloß weil er auch Mensch ist, stimmt nur bei den elementarsten Funktionen. Alles andere ist Auslegungssache.

Um einen Zweck zu erfüllen, sollte eine Rezension also ausreichend überparteiliche Komponenten und einordnende Informationen beinhalten, bevor sie sich ganz in subjektiver Wahrnehmungsprosa ergießt. Der vorliegende Grund, aus dem man das Produkt gekauft oder die Reise gebucht hat, ist zum Beispiel ein recht sinnvoller Einstieg. Aber nur, wenn man ihn dann auch mit der tatsächlich gemachten Erfahrung abgleicht, also das Grunddilemma von Wunsch & Wirklichkeit schildert, das so manchen Erwerb umfängt.

Ist dieser persönliche Erwartungshorizont klar dargelegt, erklärt sich dem Lesenden vielleicht auch die jeweilige Notenvergabe besser. Weiterhin ist bei allen raumgreifenden Produkten wünschenswert, ein paar zusätzliche Angaben zu Größe und allgemeiner Erscheinung zu machen, da derlei doch recht schwer auf den Bildschirmen abzulesen ist.

Eine gute Rezension ersetzt diese taktilen und haptischen Leerstellen, die das Online-Kaufen eben so mit sich bringt. Auf allzu detaillierte Schilderungen des persönlichen Umfelds, Kosenamen oder unnötig intime Informationen darf hingegen verzichtet werden. Ebenso auf Drohungen, Verwünschungen des Kundenservice und Bezichtigung anderer Rezensenten, die einem das vermeintliche Übel eingebrockt haben. Käufer haften nicht für ihre Meinungen!

Wünschenswert wäre zudem, dass sich jeder aus einem gewissen Interesse heraus an eine Rezension setzt und nicht aus falsch verstandenem Pflichtgefühl oder noch schlimmer: Geltungsdrang. Sicherlich steht es jedem frei, das neue Buch von Peter Handke zu rezensieren. Wer dabei ahnt, dass er nicht ganz die geistigen Kapazitäten oder die nötige Denkzeit dafür freimachen konnte, sollte sich aber in Zurückhaltung beim Urteil üben – eine trottelige Generalabfuhr à la »Setzen, Sechs!« schädigt das Ansehen des Rezensenten mehr als das Ziel seiner stumpfen Attacke.

Zurückhaltung gilt auch für alle, die sich mit einer Rezension die kalte Wut oder Enttäuschung von der Seele schreiben wollen. Sicher, diese Triebabfuhr, die in Ein-Stern-Bewertung und einer Menge Vorwürfe endet, mag eine gewisse Genugtuung bereiten. Man sollte aber nicht vergessen, dass hinter jedem Buch und jedem Hotel bisweilen eine ganze Reihe Menschen stehen, die von dem persönlichen kleinen Vernichtungskrieg über die Maßen angegriffen sind. Man selbst fühlt sich kurz erleichtert und vergisst nahezu gleichzeitig das bezichtigte Produkt. Die Autoren und Verleger, Hoteldirektoren und Produzenten hingegen haben fortan einen tiefen Kratzer in der Visage, der auch durch fünf positive Rezensionen nicht gleich heilen wird, sondern sie ziemlich lange begleitet.

Bevor man also zu wirklich extremistischen und schädigenden Bewertungen ausholt, lasse man ein internes Gnadengesuch zu. Muss es wirklich ein Stern sein? Ist das Hotel wirklich vom Gesundheitsamt zu schließen? Wie viel eitler Furor liegt in meinen Sätzen?

Die Macht, die wir mit der Rezensionskultur in unseren Händen halten, ist groß. Sicher, der Verbraucher konnte für sich schon immer entscheiden, welchen Produkten er treu blieb und welche er mit Missachtung strafte. Heute kann er noch Hunderte andere Verbraucher zur gleichen Entscheidung verleiten, das ist eine enorm vergrößerte Reichweite für eine subjektive Empfindung.

Nicht vergessen: Schlechte Zensuren sind nicht nur etwas, das man selbst verteilt. Sie können sich jederzeit auch gegen uns selbst richten, gegen unsere Arbeit, unseren Arbeitgeber, gegen unser Stadtviertel, unsere Künste als Liebhaber oder Vater. Die Rezensionssucht des Webs macht vor nichts halt. Und nicht zuletzt können andere ja auch wieder über die jeweilige Bewertung abstimmen.

Allgemein gilt also, egal ob im echten Leben oder auf der Hotelplattform: Man rezensiere stets so fair, wie man selbst auch rezensiert werden möchte.

Im Urlaub

Es ist recht populär, über die allgemeine Vernetzung zu jammern, vor allem dreimal im Jahr, wenn der Urlaub ansteht. Da wünscht man sich heutzutage gemeinhin: abschalten zu können. Und das ist ganz wörtlich gemeint, Stress off, Alltag off, Handy off, Wellness on oder eben das, was man sich unter Urlaub so vorstellt.

Davon abgesehen, dass diese Vorstellungen von freier Zeit bei näherer Betrachtung meist recht ungenau und dürftig sind und dass wir viel zu wenig darüber nachdenken, wie wir die zwei Wochen eigentlich tatsächlich genießen, statt bloß den Bürostress durch Freizeitstress zu ersetzen, ist das Internet sicher nicht an allem schuld. Natürlich ist der Fluch der Erreichbarkeit auf den ersten Blick eben das: ein Fluch. Er verleitet dazu, sich auch am Strand und im toskanischen Ferienhaus so zu benehmen, als würde man weiterhin hinter der Bürotür mit dem eigenen Namen sitzen.

Also alles aus! Aber die Geräte abzuschalten und erst vierzehn Tage später wieder in den vollgelaufenen Briefkasten zu sehen, gelingt dann doch kaum einem. Kein Wunder, es verlangt einen wirklich trainierten und selbstbewussten Geist – und einen, der es sich erlauben kann, tatsächlich ganz verschwunden sein. Früher ging das doch auch, sagen die Voreiligen. Das mag sein, wenn man sich den Angestelltenurlaub in den 70er-Jahren zum Vorbild nimmt. In einer Zeit, die unserer prekären Berufswelt sehr viel mehr ähnelt, nämlich der vor und zwischen den Weltkriegen, war es allerdings noch absolut üblich, auch am Urlaubsort und in der Sommerfrische seine Korrespondenz zu erledigen und in den Ferien eben genau der Mensch zu sein, der man auch in der Stadt war. Damals war daran noch nichts Verwerfliches, warum auch? Schließlich gehört der Beruf doch zu unserer Persönlichkeit und ist ja irgendwie auch einst freiwillig ergriffen worden.

Im Urlaub diese Hülle verbissen abstreifen zu wollen und die Mails und Anrufe einfach ins Leere laufen zu lassen, als gäbe es diese Arbeitsperson gar nicht, das ist eben auch wahnsinnig stressig. Denn es ist nur eine äußerliche Befreiung, eine mühsam aufgebaute Kulisse der Nicht-Anwesenheit. Insgeheim denken wir natürlich daran, was sich vielleicht im Büro zusammenbraut und ob die Dinge auch ihren geregelten Gang gehen. Das hat nichts mit Selbstüberschätzung oder Arbeitswut zu tun, sondern einfach mit der komplexen Arbeitswirklichkeit in vielen

Betrieben. Und wer vor Ibiza auf der Gummibanane surft und lauthals bekennt: Die werden schon mal alleine klarkommen!, denkt wahrscheinlich viel öfter heimlich das Gegenteil.

So richtig ruiniert wird der Urlaub erst, wenn man vordergründig Entspannung simuliert und heimlich seine Mails checkt. Das ist dann auch für den mitreisenden Partner und die Familie keine Freude. Lieber mit offenen Karten spielen und sagen, was los ist: Ich muss einen Anruf machen, ich muss mal eine Mail schreiben. So hat man in seinen Mitreisenden auch eine Kontrollinstanz, die sich bemerkbar machen wird, wenn das Büro die Oberhand zu gewinnen droht.

Topmanager haben das Komplettabschalten übrigens längst aufgegeben und erkannt: Es ist weit weniger stressig, einmal am Tag eine halbe Stunde für die notwendigste Nachlese ausgewählter Kanäle zu opfern und die Geschäfte sozusagen durchs Schlüsselloch im Blick zu haben, als krampfhaft ganz darauf zu verzichten. Was wirklich unvorhergesehen und dringend ist, lässt sich in diesem Modus, Vernetzung sei Dank, meist vor Ort regeln. Alles andere kann warten.

Für diese Arbeit light im Urlaub sollte man sich aber – vielleicht in Absprache mit dem Partner – feste Regeln setzen:

- Erst mal Abwesenheitsnotizen schalten, auf allen erforderlichen Kanälen. Lieber etwas deutlicher formuliert als notwendig. Übrigens auch auf den privaten E-Mail-Konten, denn auch davon geht bei vielen Menschen ein gewisser Erfüllungsstress aus. Die Zahl derjenigen, die sich davon in ihren Nachstellungen nicht aufhalten lassen, wird trotzdem noch groß genug sein.

- Wenn im Urlaub E-Mails eintreffen, die wirklich eine Beantwortung erfordern, diese nicht unnötig aufschieben. Das ist erstens im Sinn der Dringlichkeit und schützt zweitens den wertvollen Urlaubstag, den schließlich nicht genießen kann, wer gedanklich schon Strippen zieht. Also kurz und klar eine Auszeit vom Urlaub nehmen und die Mails schreiben – und zwar so, dass sie daheim möglichst wenig Spielraum für Rückfragen und Unklarheiten lassen. Noch mal darauf hinzuweisen, dass man eigentlich im Urlaub ist, ist erlaubt und sollte auf Empfängerseite verstanden werden.

- Wo eine Mail vermutlich nicht ausreicht, lieber gleich telefonieren, am besten mit einem Menschen, der fortan in dieser Sache als Gewährsmann im Büro fungieren kann und die Abläufe weiterhin koordiniert – und damit den Urlaub abschirmt. Nur freundlich wäre es, diesem Menschen dann gleichen Feuerschutz anzubieten, wenn er in den Urlaub geht.

- Eine feste Zeit für die Checks von Mail und Co festlegen, und zwar am besten eine, die den Mitreisenden entgegenkommt. Wenn es nicht anders geht, lieber eine halbe Stunde früher aufstehen und vor dem gemeinsamen Frühstück alles erledigt haben, als die Sache den ganzen Tag halb im Auge zu behalten.

Mit so einem Notprogramm ist es auch absolut in Ordnung, in der restlichen Zeit alle Leinen zu kappen und wirklich nicht erreichbar zu sein.

Nicht vergessen: Es gibt eigentlich nur sehr wenige Positionen, die tatsächlich eine Rund-um-die-Uhr-Verfügbarkeit erfordern – und in denen hat man genau aus diesem Grund meistens vollwertige Stellvertreter.

Verleugnen

Es ist ein ebenso beliebtes wie verlockendes Mittel, Zeit zu schinden: Sorry, hatte kein Netz! Wahlweise auch keine Akkuladung mehr. Obschon die Technik diesen Vorwand immer unwahrscheinlicher macht, wird hinterher niemand nachfragen, sondern die Erklärung eben hinnehmen.

Ein bisschen ist es damit wie mit der gefälschten Krankschreibung in der Schule: gelegentlich ein wirklich probates Mittel für mehr Lebensfreude, das aber auf Dauer stark an Glaubwürdigkeit einbüßt.

Und genau wie das Schwänzen am Tag der großen Schulaufgabe schon eine ziemlich hartgesottene Lüge war, wird die Netz-/Akku-Ausrede immer liederlicher, je dringender oder entscheidender der verpasste Vorfall war. Zudem stehen wie beim Schulschwänzen die Chancen gut, dass man wirklich mal ohne Netz oder Akku gestrandet ist und aus der Ausrede eine Wahrheit wird, die sich für alle Beteiligten schon langsam schal anfühlt.

Seit WhatsApp und Co die »gelesen«-Funktion eingeführt haben, ist ein weiterer Fallstrick gespannt, den man zumindest vor der Schummelei deaktivieren sollte. Aber auch damit muss man sehr genau entscheiden, ob das virtuelle Wegducken noch glaubwürdig sein kann. Oder ob einen der Nachguckreflex nicht längst verraten hat.

Krank sein

Wer sich bei seinem Arbeitgeber oder auch einer wartenden Festgesellschaft wegen Krankheit entschuldigt, sollte diesen Zustand auch im Netz annähernd glaubwürdig darstellen. Natürlich kann man auch mit Erkältung im Bett Mails beantworten und Tweets schreiben, als ob nichts wäre. Ein Kranker, der komplett rastlos im Netz weitermacht, gibt aber doch ein etwas schiefes Bild ab.

Besonderes Augenmerk gilt in diesem Fall auch dem automatischen Geotagging, etwa auf Facebook oder Instagram. Wer ein Geburtstagsessen wegen Migräne absagt und dann aus der Disco Feierbilder hochlädt, wird wohl kaum beim nächsten Mal wieder eingeladen.

*L*erne Widerspruch ertragen. Sei nicht kindisch eingenommen von Deinen Meinungen. Werde nicht hitzig noch grob im Zanke. Auch dann nicht, wenn man Deinen ernsthaften Gründen Spott und Persiflage entgegensetzt. Du hast, bei der besten Sache, schon halb verloren, wenn Du nicht kaltblütig bleibst, und wirst wenigstens auf diese Art nie überzeugen.

Kontrahenten

Wer sich in Gefahr begibt, kommt darin um, besagt ein Sprichwort, dass zum Glück schon mannigfach entkräftet werden konnte.

Auf das Netz übertragen könnte man sagen: Wer Kommentare austeilt, der bekommt auch welche. Wer sich exponiert, wird Kritiker auf den Plan rufen, und wer Stellung bezieht, muss sie gegen andere Ansprüche verteidigen.

Das ist zum Beispiel für eine etwas ältere Generation von Journalisten immer noch eine ungewohnte Erfahrung. Jahrzehntelang schrieben sie beißende Kommentare, Kritiken und Glossen in die Magazine und Zeitungen, und mit der Veröffentlichung war die Sache erledigt. Das Echo, wenn es welches gab, erreichte sie um Tage verzögert, von der Sekretärin vorsortiert und in der direkten Ansprache ziemlich leise – fast niemand bekam die Leserbriefe zu sehen, keine Verpflichtung ging damit einher. Nun aber bekommen sie auf ganz ähnliche Texte binnen Minuten bissige Erwiderungen oder Richtigstellungen oder werden ebenso persönlich angegangen wie die von ihnen bearbeiteten Komponisten oder Schriftsteller. Nicht wenige empfinden das zunächst als Anmaßung.

Der Gentleman aber ist stets für Waffengleichheit und begegnet den Menschen um sich herum seit jeher auf Augenhöhe. Nicht nur das, er freut sich auch am Widerspruch aus berufenem Munde oder einer kernigen Antwort, solange sie so fair und kultiviert ist, wie sein eigener Beitrag es hoffentlich war.

Das Netz ist für all die Salontiger und Redenschwinger ein Ort, an dem sie die Klinge ganz nach ihrem Niveau wetzen können und immer jemanden finden, der satisfaktionsfähig ist. Der gute Netzpublizist sieht darin keine Beleidigung, sondern einen ewigen Ansporn.

Oscar Wilde notierte in diesem Sinne: »Ich möchte lieber meinen besten Freund als meinen ärgsten Feind verlieren. Denn um Freunde zu haben, braucht man nur gefällig zu sein; aber wenn ein Mann keinen Feind mehr hat, dann muss etwas Erbärmliches an ihm sein.«

Entfreunden

In der echten Welt ist das ein sehr komplexer Vorgang. Wenn man nicht gerade akut verstritten auseinandergeht, ist ein Freund etwas, das ewig bleibt. Mag die Freundschaft auch seit Langem ruhen, so ist sie doch formal kaum zurückzunehmen, ohne dass mindestens einer beleidigt ist.

Nun, auf Facebook und allen anderen Plattformen ist das anders. Dort kann man ebenso schnell, wie man Freund- oder Gefolgschaft beschlossen hat, diese wieder beenden, und das Beste ist: Der andere bekommt davon gar nicht unbedingt gleich etwas mit. Es ist ein einseitiger Vorgang. Ewiges Rückgaberecht bei Nichtgefallen! Ein verführerisches Instrument, das dazu verleitet, es vorschnell einzusetzen und als Waffe im Dienste der eigenen Genugtuung zu missbrauchen: Ein Kommentar, ein Bild passt mir nicht – zack, entfolgt!

Falls der Entfreundete aber seine Follower und Freunde akribisch hegt und pflegt, wird ihm der heimliche Abgang auf Dauer nicht verborgen bleiben, und dann ist der Schlag umso heftiger: Schließlich wähnte er sich vielleicht die ganze Zeit im Guten mit dieser Person, betrieb vielleicht sogar, der Netzwelt ungeachtet, echte, analoge Interaktion mit ihr.

Diese Möglichkeit des bösen Erwachens sollte man einkalkulieren und darauf gefasst sein, zur Rede gestellt zu werden. Für einen so konkreten Schritt sollte es demnach auch eine konkrete und vor allem angemessene Erklärung geben. Einfach mal so entfreunden, dafür ist der Begriff auch im Netzleben zu hart.

Grundsätzlich gilt: Je persönlicher das Medium und der Emittent, desto persönlicher wirkt auch das Nichtmehrfolgen. Wer einen rein informativen Twitterfeed pflegt oder einen Newsletter in die Welt sendet, der wird kaum lange enttäuscht sein, wenn ihm der eine oder andere wieder abspringt. Wer aber vor allem seine eigenen Lebensthemen publiziert, für den klingt ein Unfollow schon deutlich nach: Du und dein Leben, ihr nervt.

Es ist genau abzuwägen, ob eine derartig harsche Reaktion wirklich angemessen ist.

*Eine besondre Gemütsart ... ist die Zank-
sucht. Es gibt Menschen, die alles besser
wissen wollen, allem widersprechen, was man
vorbringt, oft gegen eigne Überzeugung
widersprechen, um nur das Vergnügen zu
haben, disputieren zu können; andre setzen
eine Ehre darin, Paradoxa zu sprechen,
Dinge zu behaupten, die kein Vernünftiger
irgend ernstlich also meinen kann, bloß damit
man mit ihnen streiten solle.*

Kommentare

Die Kommentarfunktionen der Online-Medien sind eigentlich der Geburtsort der Netiketten, wie sie heute jedes Medium als Spielregeln für seine Benutzer ausgibt. Ihr Schicksal ist es, dass sie vermutlich ähnlich oft gelesen werden wie die AGB eines iTunes-Updates. Trotzdem gibt diese Hausordnung den Community-Managern in den Redaktionen ein Korsett vor, anhand dessen einlaufende Kommentare geprüft und freigeschaltet werden können. Wer also reibungslos mitdiskutieren möchte, sollte ansatzweise wissen, was für ein Ton auf der jeweiligen Plattform oder im Forum erwünscht ist – auch wenn dafür meistens der Hausverstand und eine handelsübliche Erziehung ausreichen.

Zusätzlich hier ein paar weiche Regeln, die nicht oft genug genannt werden können:

- Erst mal das Kommentarumfeld sichten. Auf Fehler im Text oder sonstige Ungereimtheiten in der Primärquelle darf ein Kommentar natürlich hinweisen. Eine gute Redaktion wird das Beanstandete prüfen, korrigieren und öffentlich reagieren. Bevor man Fehler anzeigt, sollte man aber bitte im Blick haben, ob nicht schon andere dasselbe angeprangert hatten. Nichts ist öder als seiten- und naseweises Herumtrampeln auf einem offensichtlichen Lapsus.

Bei manchen Kommentarspalten drängt sich der Verdacht auf: Es wurde schon jeder Fehler korrigiert, nur noch nicht von jedem.

• Von den Medien erwarten wir Sachlichkeit und objektives Urteil – von dieser Verpflichtung sind Kommentare natürlich ausgeschlossen, sie sind ja Meinungsäußerungen. Und gerade deshalb sind unterschiedliche Ansichten zu respektieren. Man sollte sich nicht von der Rechthaberei und dem Dogmatismus, die auf vielen Plattformen herrschen, anstecken lassen, sondern andere Meinungen und Vorstellungen akzeptieren und sachlich darüber diskutieren.

Wenn wir mit allen anderen Kommentatoren um ein Lagerfeuer sitzen würden und jedem bei seiner Äußerung ins Gesicht schauen könnten, würde uns eine schlichte Erkenntnis viel leichter fallen: Menschen sind eben unterschiedlich. Außerdem würden wir die anderen vermutlich viel weniger direkt angehen, als das anonym und aus der Ferne möglich ist.

- Für alle Rezensionen und Kommentare gilt:
  Es ist äußerst unhöflich, den vorangestellten
  Text nicht zu lesen, sondern nur auf ein Stich-
  wort hin die eigene Tastatur klappern zu lassen.
  Ebenso sollte man zumindest ansatzweise die
  Diskussion unter den Texten im Blick haben.

  Wer ohne Zusammenhang seine Meinung
  abwirft, wirkt wie ein nicht ganz zurechnungs-
  fähiger Grantler und ist eigentlich nicht satisfaktionsfähig.

- Ein Kommentar wirkt immer stärker, wenn er
  rudimentäre Regeln der Orthographie und der
  Höflichkeit beherzigt.

- Fast unter jedem heiß debattierten Text entste-
  hen diverse Argumentationsstränge einzelner
  Kombattanten, die die Debatte unübersichtlich
  machen. Versuchen Sie als Teilnehmer konkret
  Punkte eines anderen aufzugreifen und in Ihrem
  Kommentar zu wiederholen, das sichert mehr
  Aufmerksamkeit und Leser als ein unklares
  Hineinrufen in die Menge.

  Übrigens: Konfliktberater haben längst
  herausgefunden, dass sich kaum jemand bei
  solchen Debatten durch Fakten und Nachweise
  von der Falschheit seiner Meinung überzeugen
  lässt. Im Gegenteil – trotziges Verharren in der

eigenen Position beziehungsweise unsachliches Polemisieren sind meistens die einzige Folge dieser Überzeugungsarbeit. Mehr erreicht man mit einem Ansatz, der das Verstehen der Gegenpositionen beinhaltet und mit dem man sich auf eine gemeinsame Suche nach den Gründen für diese oder jene Haltung macht. Zugegeben, das ist in vielen Fällen ein mühsames Unterfangen, aber ein Versuch lohnt sich.

Gerade bei populistisch verbrämten Gesellschafts- und Politikthemen, bei denen die unterschiedlichsten gefühlten Wahrheiten und sogenannten Beweise kursieren, wäre ein Verstehenwollen der Gegenseite eine wohltuend neue Strategie.

- Prüfen Sie Ihre Meinungen, bevor Sie sich damit exponieren. Wenn Sie es nicht tun, wird der Nächste in der Kommentarspalte das übernehmen, und nichts ist ärgerlicher, als durch Unachtsamkeit oder Eile einen Fehler in der eigenen Argumentation zu haben, denn damit schießt sich der ganze Kommentar ins Aus, und die Debatte wird verwässert.

*K*raftgenies und exzentrische Leute lasse man laufen, solange sie sich noch nicht gänzlich zum Einsperren qualifizieren. Die Erde ist so groß, dass eine Menge Narren nebeneinander Platz darauf haben.

Trolle

Jede Gesellschaft hat ihre Störenfriede, sogar das sanftmütige Volk der Elben, wie man im Kino erfahren musste. Genau wie dort sorgen in den Communitys und Kommentarspalten Trolle für Aufregung und bringen die schönsten Angebote durcheinander, die sich Forenbetreiber und Redaktionen für ihre User ausgedacht haben. Die anfänglich sehr demokratischen Grundzüge des Webs, nach denen jeder, der angemeldet ist, auch etwas veröffentlichen darf, wurden deshalb auf vielen Seiten beschnitten, die Kommentare werden mühsam handverlesen oder ganz abgeschaltet, alles nur, weil da draußen in jedem zehnten Ei ein Tunichtgut wartet, der Lust hat an Beleidigung und Provokation.

Über Trolle und Hater wurde viel diskutiert, sie sollen in diesem kleinen Brevier deshalb nur kurz besprochen werden, nämlich in der Frage, wie man sich ihnen gegenüber verhält, wenn es zu einer Konfrontation kommt. Für diese Situation existieren zwei Sinnsprüche aus der Web-Praxis, die recht treffend sind. »Haters gonna hate« und »Don't feed the trolls!« Ersterer entspricht der alten Erkenntnis, dass Menschen sich nicht ändern, schon gar nicht, wenn sie anonym sind und sich damit ständig von ihrem Web-Ich distanzieren können. Daraus leite man ab, dass man nicht zu viel Kraft und guten Willen auf die Störer verschwende. Wer sich mit der Agenda einloggt, Unfrieden zu stiften, sieht sich von Einfang- und Beschwichtigungsversuchen erst recht angespornt. Und falls man einen stilllegen konnte, folgen ihm mit großer Sicherheit zwei nach.

Das zweite Bonmot korrespondiert mit Studienergebnissen, die recht deutlich machen, worauf die destruktiven Einzeltäter stehen: Responsivität ist ihr Antrieb, und je mehr sich andere an ihnen reiben, desto erfolgreicher kommt ihnen ihr Auftritt als Rabauke vor. Einmal mehr sind Gelassenheit und geflissentliches Übersehen die angezeigten Wesenszüge. Die lateinische Floskel »nihil admirari«, wörtlich übersetzt: sich über nichts wundern, erscheint in diesem Zusammenhang bedenkenswert. Sie wird meist in einem weiteren Sinn verstanden: Die zwei Wörter beschreiben einen Menschen, der sich im Griff hat und gegenüber den Misslichkeiten des Lebens gelassen bleibt. Man versuche also, sich gegenüber Störern und Anfeindungen allzeit überlegen zu zeigen und vielleicht mit einem nachsichtigen Lächeln über die Kuriositäten des Netzalltags hinwegzusehen.

Wir sehen die klügsten, verständigsten Menschen im gemeinen Leben Schritte tun, wozu wir den Kopf schütteln müssen.

Die Provokationsfalle

Der tägliche Hunger nach Aufregern und Disputen führt im Web zu einer ständigen Nachfrage nach Provokationen. Wer sich also Gehör im vielstimmigen Chor der Tageschronisten verschaffen möchte, kann gezielt über die Stränge schlagen und wird reiche Aufmerksamkeitsernte einfahren. Seine Worte werden auf vielen Kanälen diskutiert und verbreitet, und selbst wenn sie dabei allerorten auf Ablehnung, Häme und Unverständnis stoßen – der Name ist im Gespräch, und das ist gerade für Politiker oder Geschäftsleute viel wichtiger als die kalkulierte Schelte oder der provozierte Shitstorm. Dessen Inhalt und genauer Wortlaut wird in wenigen Tagen vergessen sein, was aber bleibt, ist ein Fingerabdruck, eine gewisse Strahlkraft, das Gefühl, hier ist jemand wer.

Will man zu dieser Steigerung des Marktwertes beitragen? Ist nicht auch hier wieder das geflissentliche Ignorieren die wirksamste Erwiderung?

Schweigen ist evtl. Gold

Nur eine kleine Netznotiz vielleicht, aber eine, die viele virale Menschen bestätigen können: Ab einer gewissen Sockelbekanntheit, vermehrt sich die Zahl der Follower von selbst, ohne dass man ständig neu um sie werben müsste. Der Inhalt vergangener Jahre und Tage wirft einen steten Zins ab. Umso ulkiger, dass man diese Entwicklung mit einem neuen Posting dann mitnichten ankurbelt, sondern im Gegenteil – es sind dann schon statisch einige dabei, die sich durch das Lebenszeichen gestört oder von der Gefolgschaft ohnehin längst gelangweilt fühlen und das Posting zum Anlass nehmen, sie zu beenden. Entfolgt. So bringt ein neues Posting vielleicht 20 Follower weniger und nur drei neue mehr. Wer nichts tut, mithin nicht unangenehm auffällt, wird erst mal keinen Anlass zum aktiven Entfolgen geben und nach und nach seine Herde erweitern. Sicher kein Erfolgsrezept, aber doch eine interessantes Phänomen und ein weiteres kleines Plädoyer dafür, nur dann zu posten, wenn man auch etwas zu erzählen hat. Etwas, das über einen Teller Nudeln hinausgeht.

Essen fotografieren

Innerhalb weniger Jahre ist dieses Verhalten zum Abzeichen jener mittelalten Netzgeneration geworden, die Futter für ihre hungrigen Feeds (sic!) braucht. Und was würde sich für dieses Ritual besser eignen als etwas, das man zweimal am Tag sowieso erlebt und das auch in tendenziell gleichförmigen Leben immer irgendwie anders ist. Obwohl das Essensfoto schon umfassend ironisiert wurde, wird es immer noch mit Begeisterung angefertigt. Dieses reflexartige Ablichten von Töpfen und Tellern, Zutaten und gedeckten Tischen ist aber nicht nur virale Sättigungsbeilage, es hat auch eine Botschaft. Das vorgezeigte Essen ist ja in den allermeisten Fällen irgendwie besonders kurios und exotisch, mal sichtlich gehoben im Restaurant, oder eben genau das Gegenteil: fetttriefend und lustbetont. Oder am liebsten natürlich mit deutlich erkennbarem Stolz und Freunden selbst gekocht.

Vor dem Essen zu fotografieren, stellt eine kleine Zäsur im Ablauf dar. Es ist ein retardierendes Moment, ähnlich wie andere traditionelle Tischrituale vor dem Essen: beten oder sich einen guten Appetit wünschen. In einer Gesellschaft, die viel alleine isst, stellt das Fotografieren einen neuen Andachtsmoment dar, wenn er auch eher an die Adresse der unbeteiligten Follower gerichtet ist. Seht, sagt das Bild vom noch unberührten Essen, ich wertschätze diesen Moment. Ich nehme mir Zeit für ein Bild, und ich lasse andere an meiner Mahlzeit teilhaben. Darüber hinaus stellt es eine schmeichelhafte Eigenschaft des Absenders heraus: genießen können, sich den Luxus des kleinen Glücks leisten.

Die Netzgesellschaft hat ja längst ein ganz neues Statussystem eingeführt. Fotografiert werden nicht mehr das große Auto oder der Schmuck, die vor 50 Jahren noch weltweit als Luxus verstanden worden wären. Nein, was man mit Freude vorzeigt, sind Momente des guten Lebens, des praktizierten Glücks im Urlaub oder eben noch stärker im Alltag. Aber Achtung: Auch dergestalt gelebte kleine Freuden fühlen sich beim Empfänger irgendwann wie Geprotze an, selbst wenn es nur Gänseblümchen und die selbst gemachte Vanillemilch sind. Wenn der eigene Feed zu einer endlosen Abfolge von Abbildungen der Alltagswellness und des kleinen Glücks wird, bekommt man als Betrachter irgendwann Zweifel, ob das mit dem Glücklichsein und guten Leben bei Leonie84 wirklich sein kann oder ob diese Momente nicht nur mühsam fürs Schaufenster inszeniert sind.

Kleine Etikette
zum Essensfoto

Eine Restaurantterrasse mit Meerblick, Sonnenuntergang, und gerade wurde der Wolfsbarsch in Salzkruste an den Tisch getragen. Keine Frage, das ist der perfekte Instagram-Moment. Auch wenn es jetzt schnell gehen muss, gibt es ein paar Dinge zu bedenken:

- Rücksicht auf die mitessenden Menschen bei Tisch ist das oberste Gebot. Bitte nicht lang anfangen, nach Kamera oder Handy zu suchen oder erst mal Speicherplatz zu schaffen, am besten ist das Foto schon gemacht, wenn die anderen sich die Serviette auf den Schoß legen. Wenn die gemeinsame Mahlzeit unter dem Foto leidet, läuft was falsch. Auch wenn man sich der Gedankengleichheit sicher ist, doch kurz bei Tisch ankündigen, was man vorhat, und mit ein bisschen Charme um Nachsicht für die liebenswerte Eigenheit werben. Wer stumm und mechanisch sein Essen fotografiert, sieht aus, als käme er vom Gesundheitsamt.

- Rücksicht auch auf die weitere Umgebung. Es soll Menschen geben, die lassen sich den Fisch noch mal für die Kamera servieren oder bitten unbeteiligte Dritte, mal eben ein bisschen zur Seite zu rücken, damit das Licht noch besser ist. Das ist Unfug und sieht nicht gut aus. Auch wenn es einem selbst nichts ausmacht, zum hampelnden Mittelpunkt des Restaurants zu werden, ist es der Begleitung vielleicht dafür doppelt unangenehm. Zumal sie zum Ergeben-Warten-und-Zusehen gezwungen wird.

- Am Tisch bleiben. Wer mit den Gedanken schon bei der treffenden Unterzeile zu seinem Essens-foto ist oder sich genüsslich die Distributions-ebenen vorstellt, hat sich mental aus der Tischrunde ausgeklinkt und zieht offenbar die anonyme Gesellschaft vor. Nicht sehr höflich.

- Handy oder Kamera dann auch wieder ver-schwinden lassen und bitte nicht das ganze Essen mitknipsen. Eine bis zwei Positionen müssen reichen. Wer so schnell kein brauchbares Bild hinkriegt, muss eben daheim mit Plastikfisch üben. Gepostet wird das Bild erst nach dem Essen, noch besser, wenn man für sich allein ist. Keine Tischgesellschaft und schon gar nicht der Partner möchten erst warten, bis alle Hashtags gesetzt sind, und dann neben einem Menschen sitzen, der ständig aufs Display schielt, um die einlaufenden Reaktionen zu sichten.

- Andere Menschen nur nach Vorwarnung aufnehmen. Das gilt auch für gute Freunde. Nicht wenige Menschen finden den Gedanken an Schnappschüsse, die sich auf dem Weg ins Netz befinden, nicht besonders appetitanregend. Sie sind zum Essen gekommen und nicht zum Posieren.

- Es gibt zwar schon Restaurants, in denen das Fotografieren der Teller nicht besonders beliebt oder gar verboten ist. Gerade in gehobenen Küchen freuen sich die Köche aber durchaus, wenn man ihrer Kunstfertigkeit auf diese Weise Respekt zollt – schließlich steht ihr Name nicht selten neben dem Posting. Allerdings sind sie aus dem gleichen Grund bisweilen darauf erpicht, dass nur intakte Teller fotografiert und verbreitet werden und nicht Geschmolzenes und Halbgegessenes. Wer wirklich Foodporn-Ehrgeiz hat, sollte deshalb ohne Scheu fragen, ob er nicht mal einen Teller an der Speisenausgabe fotografieren darf, also in dem Zustand, in dem ihn der Küchenchef rausgibt. Im Zweifel ist die Atmosphäre dort auch noch sehenswerter als bei Tisch.

Mache einigen Unterschied in Deinem äußern Betragen gegen die Menschen, mit denen Du umgehst, in den Zeichen von Achtung, die Du ihnen beweisest. Reiche nicht jedem Deine rechte Hand dar. Umarme nicht jeden. Drücke nicht jeden an Dein Herz. Was bewahrst Du den Bessern und Geliebten auf, und wer wird Deinen Freundschaftsbezeigungen trauen, ihnen Wert beilegen, wenn Du so verschwenderisch in Austeilung derselben bist?

Folgen und Liken

Fast alle großen sozialen Schlachtfelder im Netz funktionieren nach dem Prinzip der Gegenseitigkeit. Hat man sich entschieden, ins Licht der Netzwelt zu treten, gerät man unweigerlich in ein Netz aus Abhängigkeiten: Freundschaft. Folgen. Ich lese deines, du liest meines.

Nur wer dem anderen folgt, sich zu erkennen gibt, kann alles sehen und lesen, wird auf dem neuesten Stand gehalten oder taucht überhaupt erst auf. Wer sich dort tummelt, ohne den eigenen Vorgarten zu bestellen, ist nur Zaungast. Das ist natürlich legitim und für viele der Angebote völlig ausreichend. Ein kleines moralisches Dilemma ist es für den Empfindsamen dennoch. Als ob man bei Nacht eine Straße in einem Wohnort entlanggeht und in alle erleuchtete Fenstern sieht, ohne selbst gesehen zu werden. Fühlt man sich dabei wohl? Ist man nicht eher darauf gefasst, irgendwann wegen der unlauteren Einsicht angegangen zu werden, in Dinge, die zwar öffentlich sind, die man aber nicht in gleicher Weise von sich ausstellt. Und ist man somit nicht eigentlich derjenige, der angezogen in die Sauna kommt?

Ohne im Interesse der einzelnen Anbieter zu sprechen, aber die Kommunikationsplattformen leben vom Geben und Nehmen. Es sind polylaterale Systeme – so richtig Fahrt nimmt das Ganze nur auf, wenn man folgt *und* verfolgt wird. Eine kleine Grundsatzfrage drängt sich dabei noch zusätzlich auf: Wäre es nicht schlicht eine Sache der Höflichkeit, jedem, der einem folgt, auch zu folgen? Früher hat man schließlich mal gelernt, dass es sich schickt, wenn man kleine, allgemeine Komplimente (nichts anderes ist das Folgen) auch erwidert.

Im Falle des berühmt gewordenen Netzaktivisten Edward Snowden war die Sache recht deutlich. Wenige Stunden nachdem sich Snowden über einen verifizierten Twitter-Account gemeldet hatte, folgte ihm eine knappe Million Menschen. Snowden selbst aber folgte nur einem: der NSA. Also jener Behörde, deren Geheimnisse er veröffentlicht hatte und vor der er um die halbe Welt geflüchtet war. Das macht noch mal deutlich, worum es bei einem informationsgetriebenen Kanal wie Twitter geht: Die Ich-Sortierung. So unfein sie klingen mag, aber die Frage ist hier absolut zulässig: Was nützt mir und was nicht? David Bowie brachte es in einer beneidenswert lässigen Aktion fertig, kurz vor seinem Tod noch einem wichtigen Influencer zu folgen: Gott.

Reines Höflichkeitsfolgen ist hier also nicht unbedingt angesagt. Ähnlich verhält es sich in den beliebten Businessportalen, deren einziges Versprechen ja optimiertes Netzwerken ist. Sie ähneln eher einem Bürohaus am Stadtrand, bei dem in einem großen Konferenzraum Visitenkarten ausgetauscht werden. Wer sich dort aufhält, tut das zum eigenen Nutzen und orientiert sich in die vielversprechendste Richtung.

Dennoch sollte man eine angebotene Karte natürlich ebenso wenig brüsk ausschlagen wie anderswo eine Freundschaftsanfrage. Und schließlich weiß man nie, welche Koordinaten des eigenen Netzwerks in Zukunft wichtig sein werden. Ein Kontakt um des Kontakts willen ist bei Xing und Co also absolut legitim. Bei Twitter, Flickr, Etsy und Instagram hingegen, wo jeder seines Streames Schmied ist, besteht kein permanenter Gegenfolgzwang.

Wo man seinen Feed nach Inhalt kuratiert, darf es Aktive und Passive geben, Käufer und Verkäufer, Gaukler und Zuschauer wie auf einem echten Flohmarkt oder in einer Galerie eben auch. Man sollte sich dort nicht genötigt fühlen, jede Gefolgschaft zu erwidern, schließlich sucht man nach Informationsqualität und nicht nach Quantität. Es sei denn natürlich, die Freundschaftsanfrage kommt von einem echten, analogen Freund oder Kollegen. Dann wäre ein Ausschlagen ungefähr so, als würde man sich weigern, die Bilder des Erstgeborenen in der Brieftasche anzusehen.

Noch mal anders sieht es natürlich mit den kleinen Bezeugungen der Sympathie aus, den digitalen Zwischentönen. Wer niemals zurückliket oder -herzt, wer als Etsy-Händler oder Airbnb-Gastgeber zwar ständig fünf Sterne einsammelt, aber selbst keine Favoriten kennt und nie anderen applaudiert, der wirkt schroff und unleidlich. Früher wäre das ein Mensch gewesen, der im Treppenhaus nicht grüßt und nie etwas zur Hausgemeinschaft beiträgt.

Noch schwerer wiegt die Frage der reflexhaften Bestätigung unter Freunden. Wer das Foto der besten Freundin nach dem Friseurbesuch nicht umgehend daumenhocht, darf sich durchaus auf analoge Repressalien einstellen.

Reflexlike

Es gibt Millionen Freundschaften, in denen unausgesprochenes Gesetz ist, dass der eine beim anderen Like drückt, poste er, was er wolle. Besonders Eltern und andere Netzzugezogene halten fest an diesem simplen Brauch. Wenn Aufmerksamkeit aber zu einer schalen Standardgeste verkommt, die der Empfänger nicht mal mehr als vollwertiges »Like« empfindet, ist sie wenig wert.

Der Eitle will geschmeichelt sein; Lob kitzelt ihn unaussprechlich, und wenn man ihm Aufmerksamkeit, Zuneigung, Bewunderung widmet, so braucht nicht eben große Ehrenbezeigung damit verbunden zu sein. Da nun jeder Mensch mehr oder weniger von dieser Begierde zu gefallen und vorteilhafte Eindrücke zu machen, an sich hat, so kann man ohne Sünde hie und da einem sonst guten Manne, dem diese kleine Schwachheit anklebt, in diesen Punkten ein wenig nachsehn, ein Wörtchen, so er gern hört, gegen ihn fallen lassen, ihm erlauben, an dem Lobe, so er einerntet, sich zu erquicken oder sich selbst nach Gelegenheit ein wenig zu loben.

Teilen sticht Liken

Die sozialen Medien bieten meistens mehrere Möglichkeiten, seine Zuneigung zu einem Posting zu artikulieren.

Die schwächste ist das einfache Like, Herz, Sternchen etc. Es ist eine flüchtige Zustimmung, die keine weitere Beschäftigung notwendig macht.

Wer Bild oder Kommentar eines anderen teilt, also seine eigene Herde damit füttert, adelt den Beitrag auf wesentlich nachhaltigere Weise. Schließlich kann er jetzt mit direkten Rückmeldungen belangt oder in Sippenhaft genommen werden. Er drückt also nicht nur sein Gefallen am Inhalt des anderen aus, sondern stellt sich auch aktiv hinter ihn.

Wer alle zur Verfügung stehenden Knöpfe drückt, vielleicht sogar angesichts eines Postings Freund oder Follower werden möchte, vergibt die Höchstwertung.

Plz retweet!

Wo jeder sein eigener Werber ist, bleiben unverschämte Forderungen nicht aus. Der obige, oft zu lesende Schlusssatz soll erreichen, was der Rest des Postings alleine wohl nicht erreicht: großes Publikum. Diese Form der Nötigung mag in seltenen Fällen (Wohnungssuche, Vermisstenanzeige etc.) gut begründet sein. Oft ist es aber auch nur Abbild maximaler Einfallslosigkeit und eine unfeine Inpflichtnahme der anderen.

Ähnlich verhält es sich in den Kommentarspalten prominenter Blogger, die meist erfüllt sind vom Klatschen der Besucher, sprich: von wohlmeinenden Kommentaren zu den Einträgen.

Sehr oft verbindet sich mit diesen lobenden Worten aber vor allem der konkrete Wunsch, den renommierten Blogger und sein Publikum auf den eigenen Blog aufmerksam zu machen. Die eigene Plattform als Signatur zu nennen, ist sicher legitim. Hinweise wie »Ich habe übrigens auch ein paar gute Reisetipps auf michaelmagmittelgebirge.de gesammelt« aber vergällen den Eintrag. Einfach weil nun der bedachte Blogger und seine Leser davon ausgehen, dass sich hier jemand nur aus Eigennutz zu Wort gemeldet hat. Bei der Kleidertausch-Plattform Kleiderkreisel hatte diese Form der Eigenplakatierung derart flächendeckende Formen angenommen, dass viele der User unter ihre Einträge den immer gleichen Satz schreiben mussten: Eigenwerbung verboten!

Das erinnert stark an die Old-School-Briefkästen im Hausflur – unverlangt eingeworfene Werbung ist eben hier wie dort nicht gerne gesehen.

Schreibe nicht auf Deine Rechnung das, wovon andern das Verdienst gebührt!

Von wem kommt was?

Das Netz lebt vom Kopieren und Weitergeben, nur so können aus kleinen Pointen große Nachrichten werden und findet der Geistesblitz eines Einzelnen ein weltweites Publikum. Dennoch oder gerade deswegen ist beim Weiterreichen ein Mindestmaß an Quellenhygiene einzuhalten.

Das Wichtigste dabei ist, Übernommenes, Zitiertes, Geteiltes auch als solches kenntlich zu machen und nicht der Verlockung nachzugeben, selbst wie der Urheber auszusehen. Sicher, die genauen Pfade zum Ursprung eines Bildes oder Bonmots sind meistens viel zu verschlungen, aber zumindest der letzte Quellort ist immer leicht anzugeben. Gerade auf Tumblr, Flickr und Pinterest, wo Kopierer und Urheber gleich wichtig nebeneinander existieren, wird die Urheber-Etikette sehr geachtet. Und auf Twitter gehört von Beginn an der korrekt adressierte Dank für Informationen und die Offenlegung der Verbreitungsschaltpläne zum guten Ton.

Fotos betrachten

Gelegentlich kommt es vor, dass ein fremdes Smartphone herumgereicht wird, zum Zwecke der anschaulicheren Untermalung von Urlaubsberichten, Niederkünften oder sonstigen Ausnahmesituationen. Obwohl es nur ein kleines Gerät aus China ist, ist diese Weitergabe ein großer Vertrauensbeweis, was man schon daran erkennt, dass fremde Endgeräte so behutsam weitergegeben werden, als wären sie lebenswichtige, frisch entnommene Organe. Wenn man bedenkt, wie viel Bedeutsames die Menschen damit tagtäglich erledigen und wie weit ihnen das Gerät in die Privatsphäre folgen darf, ist es eigentlich erstaunlich, dass nicht jeder längst ein öffentliches und ein privates Gerät hat. Nun aber die Fotos. Es versteht sich von selbst, dass man auf fremden Geräten nichts anderes macht, als das Gezeigte zu betrachten. Schon ein unbedachtes Weiterblättern könnte einen Eklat verursachen. Bevor man derlei plant, ziemt sich in jedem Fall eine Nachfrage. Bei Anzeichen von Nervosität ist dem Besitzer das Gerät wieder einzuhändigen und von weiteren Nachfragen abzusehen.

Andere ins Bild setzen

Skype und Videotelefonie sind tolle Erfindungen. Großeltern bleiben damit in der Familie, auch wenn sie 500 Kilometer entfernt sind, Fernbeziehungen werden einfacher, internationale Konferenzen schneller und günstiger. Bei all diesen Vorzügen wird allerdings immer vorschnell davon ausgegangen, dass Menschen sich gerne in bewegte Bilder verwandeln lassen und in Sekundenschnelle in fremden Wohnzimmern zu Gast sein wollen. Das mag oft, aber nicht immer der Fall sein.

Ein paar Grundregeln für die visuelle Kommunikation:

- Bescheid sagen, wenn man auf die Bildübertragung wert legt und dem anderen ein bisschen Zeit geben, sich und seinen Hintergrund nach den Regeln der Zivilisation vorzubereiten.

- Ist aus technischen Gründen nur beim Gegenüber Bildübertragung möglich, gebietet es die Höflichkeit, ihm anzubieten, darauf zu verzichten. Selbst unverhohlen zu gucken, während der andere sich zur Schau stellen muss, hat etwas von einer Peepshow.

- Andere Personen im Haushalt oder Büro vorwarnen, wenn man in einem Videogespräch steckt. Nicht jeder ist in der Stimmung für unerwartete Gastauftritte.

- Sein Gegenüber höflich darauf hinweisen, wenn er seine Kamera unvorteilhaft eingestellt hat.

- Bei konstanter technischer Störung oder schlechter Qualität auf Video verzichten oder es zu einem späteren Zeitpunkt noch einmal probieren. Derlei lenkt zu sehr vom eigentlichen Gespräch ab, und viele Menschen fühlen sich sehr unwohl, wenn ihre Stimme verzerrt oder im Nachhall zu hören ist oder sie befürchten müssen, seltsam auszusehen.

Jeder ist anders

Alle nutzen das Internet auf ihre Weise, das sollte man nie vergessen. Eine Straße erfüllt jeden Tag auch die unterschiedlichsten Aufgaben.

In den sozialen Netzwerken kommen ebenso unterschiedliche Usereigenschaften zusammen, und auch die Erwartungen vermischen sich dort. Im günstigsten Fall führt das zu einer unterhaltsamen Timeline, oft aber auch zu einem Durcheinander, dem man mit einer gewissen Toleranz begegnen muss, sonst gibt es schnell Krach.

Gerade weil man nicht weiß und nicht mal raten kann, wie das digitale Gegenüber das Netz für sich nutzt, welche Moral, welche Philosophie, welches Symptom hinter der Nutzung der anderen steckt, ist jede Zurechtweisung, jedes Pochen auf Regeln, auch die hier vorliegende kleine Sammlung an sich problematisch. Aber so wie sich jede Gesellschaft auf ein paar gemeinsame Werte und gewisse Standards im Umgang verständigt hat – man schreit auf der Straße nicht herum, stellt sich an der Kasse in eine Schlange, dreht den Wasserhahn in der öffentlichen

Toilette ab etc. –, halten wir uns auch im Web an ein zivilisatorisches Mindestmaß.

Es ist zugegebenermaßen weit von dem entfernt, was ein bekannter Blogger aus Königsberg schon vor 150 Jahren formuliert hat: »Handle nur nach derjenigen Maxime, durch die du zugleich wollen kannst, dass sie ein allgemeines Gesetz werde.«

Aber wir sind ja in der Netzevolution auch noch ganz am Anfang, näher an der Steinzeit jedenfalls als an der Aufklärung. Dabei wäre der Kant'sche Imperativ gerade in der zügellosen digitalen Gesellschaft eine recht brauchbare Leitlinie. Er würde das Netz aber auch ungefähr so langweilig machen wie eine Dorfstraße in der Schweiz.

B elästige nicht die Leute, mit welchen
Du umgehst, mit unnützen Fragen.

Im Forum

Foren gehören zu den praktischsten und ergiebigsten Seiten im Netz. Sie verbinden Menschen mit gleichen Interessen, versammeln kollektives Wissen und vermitteln auch dem Einzelgänger das Gefühl einer Gemeinschaft, ganz gleich wie speziell seine Thematik oder Fragestellung sein mag. Damit die Benutzung Freude macht, gibt es in jedem Forum einen gewissen Modus Operandi, der vor allem für Neulinge und Quereinstiger nicht immer gleich zu ersehen oder verstehen ist. Es hilft, wenn man sich jedes Forum als ein gut besuchtes und gemütlich eingequalmtes Vereinszimmer vorstellt. Wie streng und wie speziell die einzelnen Vorschriften sind, muss man im dafür üblichen Verhaltensboard nachlesen.

Ein paar grundlegende Regeln für Forumsteilnahme kann man aber geben:

- Viele Foren verlangen eine formlose Vorstellung, bevor man als neues Mitglied wahrgenommen wird. Klingt spießig, ist aber im Grunde nur ein ganz natürliches Bedürfnis. Wer sich in der

echten Welt stumm an einen Stammtisch dazu-
setzt, dürfte auf ähnliche Art unsichtbar bleiben.

- Frage? Suche! Nichts nervt die Stammtischbeset-
  zung so sehr wie Fragen nach dem kleinen
  Einmaleins, mit dem sie seit Jahren durch ist und
  zu dem bereits viele Threads existieren. In einem
  Barista-Forum mit »Vorteil Siebträger?«, in
  einem Fotografen-Forum mit »Was ist RAW-
  Format?« aufzuschlagen, stellt einfach eine
  Geringschätzung der Spezialisten dar, die sich
  hier jeden Tag die Finger wunddenken. Was
  nicht heißt, dass sie diese Fragen nicht trotzdem
  noch beantworten würden. Aber dann muss eben
  der Ton stimmen und ein Verweis dazu auftauchen, warum die Google-Suche noch nicht
  ausreichend weitergeholfen hat.

- Viele Technikforen leisten der Menschheit einen
  großen Dienst, weil sie Softwareproblemen und
  Verbindungsschwierigkeiten, komischen Auto-
  geräuschen oder falschen Gebrauchsanweisungen
  auf den Grund gehen. Jeder kennt das schöne
  Gefühl, die Suchmaschine mit einem schier
  ausweglosen Problem zu füttern, nur um Sekun-
  den später festzustellen, dass dieses Problem auch
  schon andere hatten und jemand sich die Mühe
  einer Schritt-für-Schritt-Lösung gemacht hat.

- Wenn einem jemand auf diese Art und Weise geholfen hat, bitte auch mal Danke sagen. Es ist sehr leicht, einfach nur zu profitieren, umso mehr freut sich jemand über ein nettes Wort.

- »O. k., hat sich erledigt!« oder: »Bin jetzt anders zum Ziel gekommen!« sind am Ende eines Lösungsstranges äußerst unfaire Ausstiege. Einem verzweifelten Nach-Leser in der gleichen Sachlage bescheren sie heiligen Zorn, schließlich hat er vielleicht bis zu diesem Punkt alles mühsam nachvollzogen, und nun wird ihm das Ende des Lösungswegs vorenthalten. Wer also öffentlich eine Frage diskutiert, ist herzlich angehalten, bis zum Ende klar und verständlich seine Schritte zu dokumentieren, selbst wenn es keine Lösung gibt oder ein Fall von Deus ex Machina eingetreten ist. Diese Protokollarbeit mag ein bisschen anstrengend sein, aber der stumme Dank von Hunderten ist einem gewiss.

- Ähnlich unbefriedigend ist eine Verlagerung der Diskussion auf Direktbotschaften zwischen den Hauptakteuren. Geheimwissen hin oder her – Fachsimpelei im stillen Kämmerchen ist eben gerade nicht das Versprechen eines Forums.

- Jedes Forum hat Moderatoren oder Hausmeister, die auf einen geregelten Ablauf und ein sauberes Stübchen achten. Wie allen selbstberufenen Regelhütern schlägt diesen Menschen gerne Häme beziehungsweise reflexhafte Rebellion von Einzelnen entgegen. Nahezu jedes Forum verzeichnet diese Gefechte. Es ist meistens nicht besonders ehrenhaft, sich daran zu beteiligen.

- Wer ein neues Thema eröffnet, achte die thematischen Kapitel und allgemeine Sortierung des Forums. Nicht nur im Interesse der Ordnung, sondern auch, weil man im Zweifelsfall dann schneller die erwünschte Beachtung bekommt.

- Es gibt kein verbrieftes Recht auf Forumshilfe. Es wirkt geradezu ulkig, wie manche frisch angemeldete Avatare in Foren stolpern und sich benehmen, als sprächen sie mit einem Dienstleister oder einer Behörde, die ihnen gefälligst aus dem selbstverschuldeten Ungemach helfen sollen. Informationen sind die Währung in solchen Gruppen, das sollte man immer beherzigen. Und im Grunde gilt die Regel, nach der etwas geben soll, wer etwas haben möchte. Nicht wenige Foren verlangen eine gewisse Vorleistung, bevor Neulinge in den *inner circle* aufgenommen werden. Wer immer nur abgreift, aber nie selbst ein paar Ziegel zum gemeinsamen Haus beiträgt, der ist nicht besonders wohlgelitten. Wer als Neuling aber schlicht nichts Sinnstiftendes beitragen kann, der sollte dies offen kundtun – Ehrlichkeit und Anstand ersetzen oft jahrelange Facharbeit.

- Jedes Forum gehört jemandem, der viele Stunden Arbeit investiert hat oder gar ökonomische Interessen damit verfolgt. Das sollte man respektieren und bedenken, bevor man sich über Werbebanner beschwert oder technische Unzulänglichkeiten bemängelt. Die Teilnahme auf diesen Seiten ist freiwillig, genau wie ihre Bereitstellung. Ein bisschen anders verhält es sich mit kostenbewehrten Mitgliedschaften. Aber auch dort sollte man nicht vergessen, dass man mit seinen sieben Euro pro Monat nicht das Recht auf eine 24-Stunden-Hotline oder vollkommene Narrenfreiheit erkauft hat.

- Das eigene Forumsprofil ist die Visitenkarte, die man in diesem einen Kreis herumreicht, und mehr noch: Es ist der Charakter, den man hier verkörpert. Das gewählte Bild und anderer persönlicher Schmuck tauchen bei jedem Beitrag auf. Wer viel schreibt, dessen Bild sieht man sehr oft und dessen Signaturspruch gellt in einem Thread vielleicht dutzendmal auf. Das sollte man bedenken, wenn man derlei auswählt. Allzu explizite, lange, unruhige Elemente wirken geballt nervig. Man denke an das Autoheck, das man zwei Stunden im Stau vor sich hat, und an den Überdruss, den man nach gewisser Zeit gegen die Plüschtiere auf der Hutablage und die zotigen Aufkleber entwickelt.

- Wie oben bereits erwähnt: Nicht wenige Foren tragen Züge von dem, was man früher eingetragenen Verein nannte. Und nicht wenige nähern sich diesen analogen Vorläufern an, indem sie In-echt-Treffen veranstalten oder Weihnachtsfeiern. Diese Verschiebung der beiden Welten sollte man sensibel behandeln. Was man dabei an harten Fakten über die anderen herausfindet – Name, Alter, Wohnort, Aussehen, Familienstand etc. –, sollte so lange in der echten Welt bleiben, wie es der Träger dieser Daten selbst für richtig hält. Viele Menschen sind sehr bedacht auf die unterschiedlichen Vorteile, die ein Forumsavatar mit sich bringt, und legen keinen Wert auf willfährige Enttarnung.

Das Gähnphone

Bei losen Menschengrüppchen ist ein neuzeitlicher Effekt zu beobachten, der bestimmt irgendwann mal in die Evolutionsbiologie eingehen wird: Greift einer zu seinem Gerätchen, müssen die anderen auch danach tasten und fummeln. Es ist wie beim Gähnen, eine Reflexerinnerung, nur eben eine kalifornisch oktroyierte. Ein pawlowsches Nachmachen, ein blödes plötzliches Amputationsgefühl, ohne Ding in der Hand zu sein. Für den Beobachter dieser Gruppenreaktion ein faszinierender Ketteneffekt. Ist man Teil dieser Reaktion, so bestärke man sich selbst im Widerstand.

*H*üte Dich, in den Fehler derjenigen
zu verfallen, die aus Mangel an
Gedächtnis oder an Aufmerksamkeit auf
sich, oder weil sie so verliebt in ihre eigenen
Einfälle sind, dieselben Histörchen, Anek-
doten, Späße, Wortspiele, witzigen Verglei-
chungen und so ferner bei jeder Gelegenheit
wiederholen.

Andere Banalitäten

Liest man in den gesellschaftlichen Regelwerken längst vergangener Zeiten, stößt man immer wieder auf das ebenso erstaunliche wie einfache Statut: Langweile andere nicht. Die Untiefen der eigenen Existenz selbst zu ertragen und seine Belange erst mal nur mit sich zu debattieren, das galt nicht für besonders vornehm, sondern wurde einfach erwartet.

Die britischen Royals verfahren seit jeher nach der Regel: Never explain, never complain. Das ist eine wirklich ausgezeichnete Zusammenfassung einer souveränen Lebenshaltung. Oder auch das, was man früher mit »cool« bezeichnete. Der Leitspruch stammt aus einer Zeit, in der, wer sich in die Mitte der allgemeinen Aufmerksamkeit spielte, dafür schon gute Gründe brauchte. Und nicht mal die reichten immer – dem britischen Adel galten Schauspieler und artverwandte Professionen bis in die Neuzeit als nicht annähernd satisfaktionsfähig.

Dieser löblichen Grundeinstellung ist die Welt heute, wie bereits mehrfach erwähnt, weitgehend verlustig gegangen. Nicht nur das, sie hat sich im

Web sogar in ihr Gegenteil verkehrt – nur derjenige gilt hier, der sich selbst zur Marke macht und zu Markte trägt. Eine Krötenkönigin wie Kim Kardashian hat letztlich über ihre soziale Medienmacht auch Zutritt zu den feinen und distinguierten Kreisen der analogen Welt erhalten.

Dank solcher Vorbilder ist ein weltweiter User-Kampf um Aufmerksamkeit und Wahrnehmungsanteile im Gange. Das ist nun nicht mehr zu ändern, trotzdem möchte man all den Ich-Publizisten den alten Leitsatz vom Verbot der Langweile einmal täglich dringend ins Gedächtnis rufen. Weder überstandene Erkältungen noch abermalige Feststellungen rund um die Tatsache eines kalendarischen Montags tragen zur Zerstreuung der Weltgesellschaft bei. Fehlkäufe und kleinere zwischenmenschliche Ereignisse sind keine Nachrichten. Und das Wetter erlebt vermutlich jeder Mensch für sich selbst schon umfassend genug.

Der schiere Beweis der eigenen Existenz ist nicht coram publico zu führen, sondern gefälligst für sich zu erbringen.

Freundeszahl

Den Menschen dürstet nach Abgrenzung, nach Optimierung und Wettbewerb, er vergleicht die Pixel seiner Kamera, die PS seines Autos und die Größe seiner Wohnung mit anderen. Natürlich ist auch die Zahl der Freunde und Follower ein wichtiger Statusparameter. Aber jeder, der sich dafür interessiert, sieht diese Zahlen. Es gibt also eigentlich keinen Grund, damit ungefragt herumzuprotzen. Und was würde es auch bedeuten – der eine sammelt Twitter-Follower, der Nächste bekommt dafür für jedes Instagram-Bild zweihundert Herzchen, der Dritte gilt in seinen Foren als Koryphäe. Netzruhm ist schwer vergleichbar und sollte bei Tisch deswegen grundsätzlich etwa so diskret behandelt werden wie der Kontostand. In geneigter Runde kann man darüber trefflich parlieren, bei anderer Gelegenheit wirkt man mit diesbezüglichem Wuchern degoutant.

Prahlerei

Das ist wohl die Untugend, die durch die digitale Revolution am umfassendsten befördert wurde.

Fast keiner, der in einem oder allen der Vorzeige- und Darstellmedien mitmacht, ist frei davon. Es ist ja auch alles darauf angelegt, das Schönste, Einzigartige in seinem Leben zu suchen und weiterzugeben, deswegen ist Zeigefreude bis zu einem gewissen Grad nicht nur lässlich, sondern einfach der Treibstoff, der einen interessanten Feed ausmacht.

Ein bisschen Angeben gehört zum Netzleben ebenso dazu wie eine gewisse Eitelkeit zu Schauspielern und Journalisten. Blogger sind deswegen nicht per se »selbsternannte Schlaumeier«, YouTube-Stars nicht zwingend »Selbstdarsteller«, eifrige Twitterer nicht automatisch »Nerver«. Diesen vorschnellen Klischees sollte man sich nicht so einfach hingeben. Nein, etwas vorzuzeigen oder öffentlich zu erarbeiten, das ist nun mal das Wesen der neuen Medien.

Trotzdem ist die Grenze zur unbotmäßigen Prahlerei dabei schnell überschritten. Oft sind es nicht so sehr die Fotos, sondern die beigefügten Texte, die einem Posting einen selbstgefälligen Touch verleihen. Sei es, weil mit dem Kommentar bewusst Understatement geschunden wird: »Gott, was hat dieser Friseur nur aus meinen Haaren gemacht?« / »Kleines Abendessen unter Freunden. ;-)« / »Glaubt man ja nicht, aber Jake Gyllenhaal ist in echt total schüchtern«, oder weil er unverhohlen um Applaus wirbt: »Beach body, finally!«

Rühme aber auch nicht zu laut Deine glückliche Lage! Krame nicht zu glänzend Deine Pracht, Deinen Reichtum, Deine Talente aus! Die Menschen vertragen selten ein solches Übergewicht ohne Murren und Neid.

Eigenlob

Eine besonders unangenehme Unterabteilung der Prahlerei ist das Eigenlob. In analogen Plaudereien begegnet es einem heute unter Erwachsenen eigentlich nur in sehr verklausulierter Form und wird von Menschen mit Taktgefühl gemieden wie warmer Eiersalat. Im Netz hat sich dieser Anstand aber hemmungslos verflüchtigt, ohne dass genau klar ist, warum eigentlich. Egal, ob auf Twitter, Facebook, Instagram oder Jobportalen: Überall werden prestigeträchtige Einladungen, erhaltene Preise, bestandene Prüfungen und Beförderungen pflichtschuldig und mehrfach vermeldet.

Gerade ältere Netzquereinsteiger aus Kreativbranche, Fernsehen und Journalismus verstehen die sozialen Boards nahezu ausschließlich als Ticker für ihre Ego-News, da werden lobende Leserbriefe noch extra eingescannt und jeder noch so banale Zuspruch gnadenlos retweetet. So ganz übel nehmen kann man das nicht, schließlich wurden ihnen die Plattformen scheinbar nie (anders) erklärt. So hängen sie der fixen Idee an, diese Kanäle wären eine

Art Selbstbefriedigung vor Publikum. Das sind sie nicht. Und es beschädigt gerade namhafte Persönlichkeiten, wenn sie sich derart kleinkrämerisch mit sich selbst beschäftigen.

Natürlich darf sich jeder auch online über einen Erfolg freuen, aber es wäre wünschenswert, sich in Sachen Eigenlob doch annähernd so zu verhalten wie im echten Leben, es also nur dezent einzustreuen und vor dem Selbstbeklatschen zumindest über Relativierungsfloskeln nachzudenken. Schon deshalb, weil Eigenlob im Netz von viel mehr Menschen missbilligend wahrgenommen wird als im alten Hausgebrauch – und eine hämische Einordnung geradezu herausfordert.

Faustregel könnte sein: Auf ein Mal Eigenlob sollte man zehn Einheiten der anderen loben beziehungsweise liken. Und je größer der Triumph, desto leiser muss die entsprechende Selbstwürdigung ausfallen. Schließlich kann man dann darauf vertrauen, dass anderen nette Worte dazu einfallen.

*Ü*brigens rate ich, wenn man sich so weit in seiner Gewalt haben kann, mit so wenig Leuten als möglich vertraulich zu werden, nur einen kleinen Zirkel von Freunden zu haben und diesen nur mit äußerster Vorsicht zu erweitern.

Passend posten

Facebook ist ein Gutfind-Medium, es gibt, Stand 2015, immer noch keinen Dislike-Button. Das ist eigentlich ein unübliches Kommunizieren, das 1,7 Milliarden registrierten Menschen angewöhnt wird, die sonst zwischen gut und schlecht, ja und nein wählen. (Japaner ausgenommen, die sagen auch in echt ungern nein).

Natürlich hat das einen Effekt auf die Postings, natürlich kommt es deswegen zu dieser Übermacht an angenehm konnotierten Nachrichten: Essen, Urlaub, Geburtstag, Partyknutsch, Naturschönheit, Liebespaar. Das sind alles Dinge, die die anderen ungehemmt gut finden können, sie stellen deswegen den Median der Facebook-News dar. Eine Welt der individuellen Glücksvollstrecker und ihrer Gratulanten. Das hat zu einer Selektion der Nachrichten und einer gewissen Selbstzensur geführt. Das Posting »Ich habe Krebs« ist ebenso ungewöhnlich wie »Max Mustermann hat einen Autounfall verursacht«. Trotzdem gibt es Menschen, die Facebook auf diese Art interpretieren. Einer postet akribisch die Krankheiten seiner Kinder, der Nächste freut sich, plakative Details seiner Entlassung zu verkünden. In den meisten Fällen ist das Publikum tolerant genug, um diese ungewohnten Einlassungen auf die gewünschte Art zu behandeln: mit Aufmerksamkeit und Empathie. In einem Blog würde man derart private Beiträge für absolut passend erachten. Auf den breiten Boulevards von Facebook und Twitter führen solche emotionalen Querschläger beim Beobachter viel wahrscheinlicher aber zu einer Reihe von Fragen:

- Hat der Urheber diese Plattform begriffen, oder ist er vielleicht neu hier und unerfahren?

- Weiß der Urheber, wer das alles lesen, teilen und weiterveröffentlichen kann?

- Hat er niemanden aus Fleisch und Blut, dem er diese Informationen mitteilen und bei dem er Mitgefühl und Rat einholen kann?

- Liegt ein akuter Notfall vor oder eine kalkulierte Dramatisierung des Urhebers?

- Warum will er, dass ich mich mit diesen persönlichen Lebensdetails befasse? Erwartet er eine Reaktion von mir, oder ist das Posting eigentlich an andere Empfänger gerichtet?

- Wird mein Like in diesem Fall richtig verstanden oder bedarf es eines Kommentars oder noch konkreterer Mittel, um der Sache gerecht zu werden? Ist Letzteres der Fall, warum wählt der Urheber dann die sozialen Medien als Austragungsort?

All diese Fragen seien wertfrei verstanden und nur zur Dokumentation dessen aufgeschrieben, was dem Empfänger eines außergewöhnlich offenen Postings durch den Kopf geht. Es ist hilfreich, sie auch als Urheber zu stellen, bevor man sich mit einer besonderen Botschaft an die Netzwelt wendet. Sicherlich kann es in manchen Fällen eine probate Ultima Ratio sein, für die eigenen Probleme eine Öffentlichkeit herzustellen, dank der man selbst gefasster wird oder die urmenschliche Entscheidungseinsamkeit bekämpft.

Oftmals aber stößt man die Bezugsgruppe aus reinem Selbstmitleid vor den Avatarkopf. Nicht weil sie unempfänglich wäre für die angesprochenen Probleme, sondern weil das gewählte Mittel als unpassend empfunden wird. Ein Blogeintrag im Hintergrund, auf den man verweist, ist die bessere Lösung als die direkte Konfrontation auf der digitalen Main Street.

Bedenke, wer alles liest

Niemand hat seine 534 eingetragenen Freunde im Kopf, wenn er ein Posting verfasst. Man adressiert es meistens an eine bestimmte Clique, oft genug auch nur an zwei ganz bestimmte Personen, deren Meinung oder Daumenhoch aus irgendeinem Grund wichtig sind. Alle anderen lesen es aber auch. Chefs, Eltern, Expartner. Und immer die falschen Menschen retweeten oder teilen die Inhalte, sodass die eigenen Gedanken bald vor einem gänzlich fremden Publikum bestehen müssen. Das berücksichtige man ewiglich.

Von Facebook gelernt

»War der Urlaub so schön, wie es ausgesehen hat?«
Das ist die beiläufige Frage, die heute durch die
Büroflure hallt und an den Tischen der sogenannten
Latte-Macchiato-Mütter gestellt wird.

Bekam man früher allenfalls eine Postkarte, die
im doppelten Sinne ein Post-Erlebnis war, so ist man
heutzutage eben ziemlich genau über die Reisen der
anderen im Bilde. Manchmal so gut, dass sich weitere Nachfragen eigentlich erübrigen.

Der Höflichkeit halber sollte man sie dennoch
stellen, genau wie man auch andere Lebensinhalte
von Freunden noch einmal persönlich abfragen sollte. Es breitet sich sonst eine seltsame Wortlosigkeit
oder Einseitigkeit beim ersten gemeinsamen Plausch
nach langer Zeit aus – der eine erzählt, der andere
weiß es schon.

Darüber hinaus schickt es sich, immer dazu zu
sagen, woher man dieses oder jenes weiß oder erfahren hat. Es kann doch relativ verunsichernd wirken,
wenn ein entfernter Bekannter sich traulich nach
den näheren Umständen der Niederkunft der eige-

nen Schwester erkundigt, nur weil er auf Facebook oder Instagram davon Wind bekommen hat.

Eine kurze Quellenangabe reicht, dann wird sich der Gesprächspartner nichts anmerken lassen und sich höchstens für die Zukunft allzu freizügige Angaben verkneifen.

Geburtstage

Die banale Geburtstagsfunktion gehört sicher zu den wichtigsten Aufgaben, die Facebook für sich annektiert hat.

Einst führten Menschen in Kalbsleder gebundene Notizbücher und Kalender mit sich, in denen sie mit sauberer Handschrift die Termine eintrugen und die Telefonnummern, die es am Geburtstag anzurufen galt. Die wichtigsten darunter merkte man sich und trug sie schwerelos und unlöschbar mit sich. Nun ist es ohne Zweifel bequem, die ganze Geburtstagslogistik an Facebook auszulagern. Sich morgens erst daran erinnern zu lassen, mittags als 43. Freund in der Reihe auf der Seite ein unfrisches »Jo, alles Gute auch von mir!« zu dichten und abends nachzusehen, ob der Jubilar in irgendeiner Form (entweder mit einem Massendank oder jeweils einzelnem »Gefällt mir«) reagiert hat. So sehen Geburtstagsfeierlichkeiten heute aus. Zulässig ist dieses minimal aufwendige Vorgehen aber eigentlich nur für Facebook-Freunde, also Menschen, die ausschließlich dort als Freunde existieren oder die man nur noch dort sieht.

Hat man überhaupt keine Beziehung zu den Geburtstagskindern, kennt aus dem Stegreif weder ihren Wohnort noch den Grund fürs Befreundetsein, kann man auch einfach nicht gratulieren. Genau wie früher.

Für alle anderen Geburtstagsgrüße gilt eine ziemlich einfache Etikette: Man überlege vorher, auf welche Art man mit dem Jubilar am häufigsten kommuniziert – und wähle zum Gratulieren dann die nächstpersönlichere. Soll ja schließlich eine nette Geste sein.

Also: Wem man sonst überwiegend E-Mails schreibt, dem schreibt man, falls Nummern ausgetauscht wurden, eine SMS. Mit wem man sonst vor allem über SMS oder WhatsApp Konversation macht, den ruft man gefälligst an, und wenn man sonst schon viel miteinander telefoniert, versucht man am Geburtstag oder drumherum persönlich vorbeizugehen und seine guten Wünsche leibhaftig vorzutragen. Wen man jeden Tag sieht, dem gibt man feierlich die Hand. Oder einen Kuss. Ganz einfach.

Verbergen

Man sollte nicht unterschätzen, wie sehr Facebook in den zehn Jahren seines Bestehens die Lebensgewohnheiten der Menschen verändert hat, das gilt gerade für Geburtstage. Wer sich dort abmeldet oder sein Geburtsdatum verbirgt, wird erstaunt sein, wie wenige Freunde noch unabhängige Geburtstagskalender führen und an ihn denken. Ein unerwartet stiller Geburtstag kann aber nicht nur für den Jubilar unerquicklich sein. Auch von den Bekannten, Kollegen und Freunden wird das Ausklinken oft als nicht ganz fair empfunden – weil sich viele darauf verlassen, dass Facebook ihnen rechtzeitig Bescheid gibt, wenn es was zu feiern gibt.

Wer sich aus einem sozialen Netzwerk verabschiedet, muss keinen Kuchen backen. Aber eine kurze Notiz ist nur fair. Wer in eine andere Stadt umzieht, kündigt das ja auch an.

E-Mail und Co

Trotz ihres Alters hat sich für die E-Mail immer noch keine verbindliche Formetikette durchgesetzt. Die rigiden Regeln des Briefschreibens einfach zu übertragen, wie es einige Business-Regelkataloge empfehlen, hat der Schnelligkeit des Mailverkehrs nie so richtig Rechnung getragen.

Andererseits ist eine E-Mail heute deutlich seriöser und gehaltvoller als zum Beispiel WhatsApp-Botschaften – angesichts der Messenger-Kommunikation ist eine ganze, echte, handgetippte Mail, die mit einem »Pling« ins Postfach flattert, doch beinahe schon gehobene Konversation. Sie ist deswegen der einzige verbliebene Nachrichtenträger, bei dem Groß- und Kleinschreibung noch in Ehren gehalten werden sollte und die zumindest eine Art Begrüßungs- und Abschiedsfloskel verdient. Allerdings wirkt ein abschließendes »Mit freundlichen Grüßen« digital oft ein bisschen antiquiert und gestelzt.

Wahrscheinlich sind deswegen kurze Anglizismen so beliebt geworden: Hi, Dear, Best, Yours etc. sind halbförmlich, klingen websprachlich und sind sicherlich besser als nichts. Auch das »herzlich« ist wieder häufiger zu lesen. Es ist kurz und kann auch noch in ein »sehr herzlich« gesteigert werden, bei Bedarf. Gerade für den oftmals halboffiziellen Charakter einer Mail im engen beruflichen Austausch oder mit organisatorischem Betreff ist das »herzlich« eine gute Wahl.

Formale Anrede und Abschiedsformeln werden bei einer fortdauernden, schnellen Konversation, egal ob beruflich oder privat, irgendwann lächerlich. Beim engen Austausch von Informationen kann natürlich ab der zweiten E-Mail darauf verzichtet werden, und erst das Ende des Schriftverkehrs wird wieder mit einem Gruß versehen, der dann gleichsam als Signal für eine Schreibpause fungiert.

»Liebe Grüße« ist ein deutlich persönliches Briefende und sollte nur eingesetzt werden, wenn man den Adressaten duzt. Letzteres scheint sich sowieso im E-Mail-Verkehr immer häufiger aus Verlegenheit zu ereignen – die Sie-Ansprache in einem dichten Mailverkehr durchzuhalten, ist offenbar für viele Menschen ein rhetorischer Hemmschuh. Es gibt aber keine Alternative« dazu. Ein Mensch, den man noch nie getroffen hat und der die Volljährigkeit erfolgreich erreicht hat, ist auch schriftlich bis auf weiteres zu siezen.

Außerdem scheint es ratsam, die aus Briefen gelernte Großschreibung der Personal- und Possessivpronomen zumindest in der geschäftlichen E-Mail beizubehalten. Neben dem sorgfältigen Anstrich, den diese Regel einem Text verleiht, erleichtert sie auch das Lesen, was gerade bei E-Mail-Fenstern mit ihren bisweilen ungehörig langen Zeilen eine Wohltat sein kann.

Natürlich kann die Siezerei im Laufe einer engen Korrespondenz irgendwann etwas sperrig wirken und dann ist es durchaus üblich, dass ein Schreiber den anderen zum Du auffordert. Wie im echten Leben geht dieser Vorschlag vom höher Gestellten oder Älteren an den Jüngern und/oder Untergebenen.

Achtung: Selbst wenn man auf E-Mail-Ebene beim Du angekommen ist, kann es beim Zusammentreffen im echten Leben seltsam wirken, das Du ansatzlos zu benützen, zumal man dabei vielleicht in Gesellschaft anderer ist. Wer sich unsicher ist, sollte das Du also noch mal kurz bekräftigen.

Den eigenen Namen mit Initialen abzukürzen, wirkt manieriert und lässt eine unbotmäßige Geschäftigkeit anklingen. Derlei zur Schau gestellte Knappheit sollte dem Chef oder sonstigen Personen mit glaubhaft engsten Zeitreserven vorbehalten sein.

Die E-Mail-Adresse gehört so selbstverständlich zum Menschsein wie der Ausweis. Meist trägt man sie schon seit langer Zeit mit sich herum, und wie dem Bild im Ausweis merkt man auch der Mailadresse manchmal den Zeitverflug an.

Allzu kindische, kryptische oder sonst wie unseriöse Mailadressen sollte man gelegentlich einer kritischen Betrachtung unterwerfen und sie bei auffälligem Befund auswechseln.

Tippfehler

Angesichts der Vielzahl an E-Mails, die Büromenschen abzuarbeiten haben, ist Rechtschreibsorgfalt wie in Briefen oder auf offiziellen Schriftstücken eine zwar wünschenswerte, aber unrealistische Forderung. Die allfälligen Rechtschreibhilfen und Autokorrekturen arbeiten ja schon im Sinne der Lesbarkeit, und von korrekt gesetzten Kommas oder gar Semikolons ist die Mailrealität nun mal weit entfernt. Mit dem letzten verbliebenen Mindestmaß an Sorgfalt sollte man aber auf fehlerfreie Schreibung aller Namen achten, und auch die Betreffzeile sollte sauber sein.

Bei Messenger-Diensten hat sich längst ansatzloses Durcheinanderreden als Kommunikationsform etabliert. Man wirft sich gegenseitig Silben zu, ohne sich von Syntax oder Grammatik aufhalten zu lassen. Das ändert nichts daran, dass sich der Empfänger einer besonders hingesudelten Nachricht eventuell unter Wert behandelt fühlt. Aber dann kann er ja als Antwort ein ärgerliches Emoji senden. Oder zehn.

Betreff-Häufungen

Re: Re: Re: Re: Re: WG: Betreffzeile aufräumen!

Wie schnell antworten?

Faustregel: Schneller als auf einen Brief. Langsamer als auf einen Anruf.

Ein Zeitfenster von einigen Stunden sollte jedem zugestanden werden und jeder auch sich selbst zugestehen. Bei beruflichem Mailverkehr müssen Büro- und Öffnungszeiten berücksichtig werden. Der Lerneffekt der Adressaten ist dabei nicht zu vernachlässigen. Menschen, die sich bisher durch besonders schnelles und zuverlässiges Antworten ausgezeichnet haben und dann plötzlich tagelang nichts von sich hören lassen, bekommen schon mal versehentlich den Suchtrupp der Polizei auf den Leib gehetzt. Von Miriam Meckel kommt dazu die vorzügliche Feststellung: »Nicht beantwortete Mails machen bei einer von Hundert einen Unterschied aus. Bei 99 von Hundert nicht.«

Das gilt allgemein – seine Web-Gewohnheiten gehören mittlerweile genauso zum Erscheinungsbild eines Menschen wie der Kleidungsstil oder die Stimme. Man verlässt sich nach einiger Zeit auf gewisse Verhaltensweisen und reagiert entsprechend irritiert auf Veränderungen. Wenn die fleißige Instagram-Tagebuch-Publizistin wochenlang nichts mehr zeigt, muss sie sich ebenso auf enttäuschte Nachfragen gefasst machen wie der Blogger, der seinen straffen Schreibtakt vielleicht nicht mehr durchhält. Man sollte nie außer Acht lassen, wie sehr man mit den eigenen Inhalten die Leben anderer Menschen berührt.

Deutlich zu spüren bekommen diese starke Gewohnheitsneigung alle Seitenmacher, die nach ein paar Jahren einen Relaunch ihres Auftritts vorstellen. Nicht selten führt das zu wochenlangen gekränkten Reaktionen der Stamm-User, zu erbosten Kleinkriegen über versetzte oder gestrichene Funktionen und optische Neuerungen.

Nur weil man sich in der Bit gewordenen Moderne mit ewigem Innovationsdrang aufhält, bedeutet das nicht, dass die Menschen darin automatisch auch zwangsinnovativ geworden sind. Viele pflegen ihre Netzautomatismen mit der gleichen Gemütlichkeit, mit der bei den Großeltern der Fernsehtisch gepflegt wurde: Fernbedienung, Fernsehzeitung, Lesebrille, Keksdose in der immer gleichen Anordnung jahraus, jahrein.

Die Vielfalt der Systeme

Wenn jemand nicht antwortet, hat man ihn vielleicht einfach nicht auf dem Medium seiner Wahl angesprochen.

Das ist ein ziemliches Novum in der Menschheitsgeschichte: Die Kommunikationswege zerfasern schneller, als man Verzeichnisse dafür erstellen kann. Gestern stand man noch im Telefonbuch, morgen weiß man nicht mehr, ob man den Freund eher über Snapchat, WhatsApp, Telegram, XYZ-Messenger oder Twitter-Nachricht erreicht. Alle Netzteilnehmer befinden sich in verschiedenen Stadien von Updates und Spezifizierungen, und jeder gestaltet sein Leben und seine Kommunikation rund um andere Programme. Man kann kein System mehr als allgemeingültig voraussetzen. Das ist unpraktisch, weil man sich viel mehr Gedanken über den Empfänger machen muss als noch bei Post und Telefon.

Der Ausweg scheint bei dringenden Nachrichten in der Quantität zu liegen: Man alarmiert den Betreffenden über E-Mail und Facebook und hinterlässt diesbezügliche Hinweise auf seiner Voice-mail. Sehr fortschrittlich ist diese breite Streuung nicht. Man sollte stattdessen lieber ein Gefühl dafür entwickeln, was für eine Art der Antwort der andere gerne schreiben möchte. Soll noch jemand behaupten, die Netzkultur würde zu einem Verfall der soziokognitiven Fähigkeiten führen. Im Gegenteil: Es gehört heute zur guten Form, dass man sich des Nachrichtensystems bedient, von dem man weiß, dass der andere es bevorzugt.

Man kann Einladungen in andere Kanäle aussprechen, aber wer ist man, um dabei das beste zu bestimmen?

*M*anchen Leuten ist es schlechterdings unmöglich, in irgendeiner Sache den graden Weg zu gehen. ... Man zeige sich so tolerant gegen kleine Schwachheiten und so bereit, begangene Fehler zu verzeihn und zu entschuldigen, insofern nur keine Tücke dabei im Spiele gewesen, dass sie sich nicht vor uns als vor strengen Sittenrichtern zu scheuen und zu verstecken nötig finden.

Hast du meine E-Mail gesehen?

Wegen der Unwägbarkeit der Kanäle ist die Frage »Hast du meine Nachricht bekommen?« unangenehm häufig zu hören. Im Bürokontext ist sie oft eine verkappte Frage nach dem Arbeitsfortschritt in dieser oder jener Sache, bedeutet also übersetzt nichts anderes als: »Also, was ist jetzt damit?«

In diesem Fall ist beabsichtigt, was jenseits der Berufswelt nicht besonders höflich ist: nachhaken, Druck machen. Die Frage drängt den anderen zu einer Rechtfertigung. Vielleicht wollte er ja nicht antworten oder hatte schlicht noch keine Zeit. Die vorgebliche Sorge um das Funktionieren des E-Mail- oder SMS-Dienstes ist jedenfalls ziemlich fadenscheinig. In der Frühzeit dieser Technologien mögen E-Mails einfach so verschwunden sein, auch die bisweilen als Ausrede angeführten Spam-Ordner mögen die eine oder andere Nachricht annektiert haben, aber derlei ist heute doch eher die Ausnahme. Man fragt bei einem nicht beantworteten Telefonat ja auch nicht danach, ob beim anderen das Telefon geklingelt hat.

Diese lehrerhaften Nachfragen sind also eigentlich obsolet und keine besonders vornehme Art, auf sich aufmerksam zu machen. Besser scheint es, nach einer wohlbemessenen Anstandsfrist die Nachricht einfach noch mal zu senden.

Wer zweimal dieselbe Post bekommt, wird schließlich die Dringlichkeit einer Antwort erahnen.

Anrufen

Die digitale Welt ist vom Turmbau zu Babel mit seinem hinderlichen Sprachgewirr nicht allzu weit entfernt. Die Sprache selbst ist zwar ziemlich einheitlich geworden, ihre Ausdrücke, englische Kurz-Neologismen und Akronyme (r u, LOL, Spoiler etc.) und Emojis sind schließlich auf dem besten Weg, eine zusätzliche Weltsprache zu werden. Auf der anderen Seite ist aber, wie in einem vorhergehenden Kapitel festgestellt, die Botschaftsübermittlung viel diffuser und uneinheitlicher geworden. Der alte Sprachanruf zwischen zwei Menschen ist angesichts der Konkurrenz der Handgelenk-Messenger und Zuruf-Apps zu einem geradezu ehrwürdigen Werkzeug mutiert, beinahe wie der Papierbrief. Und so wie man im Briefkasten heute nebst Werbung vornehmlich Sichtfeld-Briefe von Versicherung und Finanzamt findet, scheint auch das Telefon nur noch für geschäftliche Ansinnen und Direktverkauf wirklich das erste Mittel der Wahl zu sein. Ein echter Anruf ist jedenfalls für manche schon eine Besonderheit, zumal jeder Bekanntschaften hat, deren Fernmeldestatus fest auf Facebook-Nachrichten oder E-Mails beschränkt ist. Wenn jemand aus diesem Personenkreis plötzlich leibhaftig am Telefon ist, stellt das einen nicht unbeträchtlichen Schock dar und wird bisweilen sogar als Regelverletzung empfunden.

Die Live-voice-Kontaktaufnahme ist bei nicht wenigen Menschen mittlerweile einem relativ kleinen Kreis Nahestehender vorbehalten – für eine Ausnahme sollte schon ein guter Grund vorliegen, ein Geburtstag zum Beispiel.

Es scheint auch, dass mit dieser Einschränkung das Telefonieren selbst für viele eine kleine Zumutung geworden ist. Die heute allgegenwärtige, stets leicht panische Eröffnungsfrage danach, ob es dem Angerufenen gerade passe, wird ja mittlerweile auch schon auf Festnetzanrufe ausgeweitet. Der Telefonanruf als grundsätzliche Störung – diese Grundannahme scheint in der Frage mitzuschwingen und sich als Sichtweise aller kommenden Generationen zu manifestieren. Man ist diese direkte Frage-Antwort-Situation eben gar nicht mehr so recht gewohnt – die SMS, Chat- oder Messenger-Unterhaltungen gewähren einem schließlich die Annehmlichkeiten einer kleinen Bedenkzeit und einer Löschtaste, sie erfordern nicht die Instant-Konzentration eines Telefonanrufs.

Es ist also vielleicht neben der Konkurrenz auch die Bequemlichkeit, die uns langsam telefonierscheu werden lässt. Wer sich mit derlei Hyperzivilisationsallergien nicht aufhält und weiterhin kurz entschlossen für jede Frage den Telefonhörer zückt, wird jedenfalls auf einige unvorbereitete Menschen treffen und nicht selten wahrscheinlich gar nicht erst durchkommen. Denn auch das Wegdrücken unbekannter Nummern gehört fest zur neuempfundenen Zumutung namens Telefonanruf.

Anrufbeantworter

Fast in jedem amerikanischen Spielfilm der 80-er und 90-er Jahre gibt es eine Szene, in der in einem New Yorker Apartment ein Anrufbeantworter anspringt und der Anrufer für alle gut hörbar wegweisende Nachrichten auf der sogenannten Maschine hinterlässt.

Aktuelle Jugendliche könnte man bestimmt kolossal verwirren, wenn man sie bitten würde, etwas auf die Maschine zu sprechen. Der Anrufbeantworter ist noch früher als sein Mutterschiff, das Telefon, auf dem besten Weg auszusterben.

Ein Grund dafür könnte sein, dass der persönliche Anruf eben schon ein besonderes Engagement darstellt, dass man nur noch aufbringt, wenn eine Sache wirklich wichtig ist. Die Sache dann mittels hinterlassener Botschaft auf der Maschine ungeklärt zu lassen und fortan in der Unruhe eines eventuellen Rückrufs zu leben, ist keine besonders verlockende Aussicht. Und eine E-Mail erfüllt den gleichen Zweck wesentlich nachhaltiger und mit weniger Aufregung.

Wenn man heute noch jemanden anruft, dann vornehmlich, um diese eine Stimme zu hören oder einen Termin auszumachen. Beide Qualitäten erfüllt ein Anrufbeantworter nicht. Darüber hinaus ist er dank automatisierter Mailboxen, die ohne das Wissen ihrer Besitzer Nachrichten sammeln und ergo niemals abgehört werden, zu einem nicht besonders zuverlässig beleumundeten Werkzeug geworden. Anders gesagt – jede WhatsApp-Nachricht erreicht im Zweifel zuverlässiger ihr Ziel als ein Spruch auf der Maschine.

Bei der Szene in dem New Yorker Apartment würde heute vermutlich also nichts anderes zu hören sein als ein kurzer Moment des ungetümlichen Überlegens, gefolgt vom Freizeichen.

Cut-off-Time

Als es nur Telefon gab, galt ab einer bestimmten Uhrzeit ein Anruf als unschicklich.

Dieses schöne Wissen um die sogenannte Cut-off-Time ist bei den rundum vernetzten Menschlein natürlich verloren gegangen. Dabei ist es gar nicht so ungewöhnlich, dass genau das eintritt, was die vornehme Telefonära noch vermeiden wollte: Eine nächtliche Botschaft reißt den Empfänger dank Signalton quiekend aus dem Schlaf oder stört bei anderen lebensnotwendigen Verrichtungen der späten Abendstunde.

Am Segen einer Cut-off-Time wäre also auch heute noch Bedarf. Und selbst wenn es praktisch ist, dass man dem Kollegen spätnachts noch die benötigten Informationen zusendet oder die lange ehrliche Botschaft an die Verflossene just am Sonntagabend gegen Mitternacht beendet hat und sogleich zustellt – ein bisschen Rücksicht auf die Empfänger ist beim Senden auch digitaler Botschaften höchst angezeigt.

Geschäftliches, wenn man den anderen im Wochenende oder im Urlaub weiß, allzu Privates, wenn der andere gerade mit ziemlicher Sicherheit einen klaren Kopf im Büro braucht, Aufregendes oder Dringliches, wenn allgemeine Nachtruhe herrscht, müssen auf einen passenderen Zeitpunkt warten.

Die Pflichten gegen uns selbst sind die wichtigsten und ersten, und also der Umgang mit unsrer eigenen Person gewiss weder der unnützeste noch uninteressanteste. Es ist daher nicht zu verzeihn, wenn man sich immer unter andern Menschen umhertreibt, über den Umgang mit Menschen seine eigene Gesellschaft vernachlässigt, gleichsam vor sich selber zu fliehn scheint, sein eigenes Ich nicht kultiviert und sich doch stets um fremde Händel bekümmert. Wer täglich herumrennt, wird fremd in seinem eigenen Hause; wer immer in Zerstreuung lebt, wird fremd in seinem eignen Herzen, muss im Gedränge müßiger Leute seine innere Langeweile zu töten trachten, büßt das Zutrauen zu sich selber ein und ist verlegen, wenn er sich einmal vis à vis de soi-même befindet.

Wochenende

So komisch es klingt, aber das Netz macht auch Wochenende. Die alte Witzelei, wonach die Oma sich erkundigt, wann dieses Internet denn geöffnet habe, ist also nur etwa zu zwei Dritteln Ulk. Twitter und Co fließen an einem Sonntag deutlich langsamer, weil ihnen die Beiträge und Ereignisse der Nachrichtenwelt fehlen, und auch E-Mails und sonstige Mitteilungen scheinen etwas gedämpfter in die Sonntage hineinzufunken.

Diese natürliche Abschwächung könnte man als souveräner Netzmensch nutzen, um sich selbst auch ein bisschen zurückzuziehen und zwei Tage der Kontemplation einzurichten. Niemand muss digitalen Detox betreiben oder sonstige Enthaltsamkeit an die große Glocke hängen. Es schult einfach den Charakter, wenn man mit sich selbst einen Vertrag schließt und ihn auch einhält.

Kein Smartphone mehr nach 21 Uhr, kein Schreibtisch am Wochenende, kein Tindern für zwei Wochen. Wenn unser Leben nun mal zu weiten Teilen virtuell bestimmt wird, brauchen wir eben auch für diese Bereiche Strategien und Rituale, wie es das alte Wochenende im alten Leben war.

Die Allverfügbarkeit, die uns ungefragt beschert wurde, verlangt von einem gefestigten Menschen, dass er sich bewusst und aktiv für oder gegen die Möglichkeiten entscheidet. Wer dazu nicht in der Lage ist, hat die Geräte zu Taktgebern des eigenen Lebens befördert.

Kaputtness

Dass etwas so Digitales wie ein Smartphone so analog zersplittern kann wie eine Kristallvase, das gehört unbedingt zu den Seltsamkeiten der jüngeren Moderne. Irgendwann jedenfalls hat das Fenster zur Netzwelt einen Sprung, und man schneidet sich beim Touchen. Leider ist die gesplitterte Scheibe, anders als beim Auto, meistens kein Versicherungsfall, und das korrespondiert wohl mit der Beobachtung, dass vielen Menschen die Heilung des Geräts in letzter Zeit gar nicht mehr so dringend zu sein scheint. Wenn heute an einem Tisch acht davon herumliegen, hat mittlerweile ein Drittel dauerhafte Schäden und Löcher, die ihre Besitzer nicht weiter genieren – solange freilich die Funktionalität noch irgendwie gewährleistet ist.

Knappe zehn Jahre nach der Vorstellung des iPhone kann man in diesen nonchalanten Umgang mit kaputten Smartphones einiges interpretieren. Erstens ist aus dem Vorzeigegerätchen wohl wirklich ein Alltagsding geworden, das nicht unbedingt in Schuss gehalten werden muss, einfach weil sich damit keinerlei Distinktionsgewinn mehr erzielen lässt. Im Gegenteil: Ein kaputtes Smartphone ist offenbar viel individueller kaputt, als ein heiles Smartphone individuell heil ist.

In der Keramik gelten Risse in der Glasur, sogenannte Krakelee, durchaus als ästhetischer Zugewinn, sie verleihen einem Stück Charakter. Da man eine Salatschüssel aber nicht so oft mit sich herumtragen und ans Ohr drücken muss wie sein Telefon, ist dieser Vergleich nicht wirklich angebracht. Es empfiehlt sich deshalb schon, seine Geräte einigermaßen ansehnlich zu halten. Schließlich stellen sie einen hohen ideellen und praktischen Wert für viele von uns dar und begleiten uns in alle Lebensbereiche.

Trotzdem ist das Smartphone kein Schmuckstück, das offen getragen wird, solange nicht berufliche Notwendigkeiten das erfordern oder man beim Sport keine andere Verwahrungsmöglichkeit findet. Gürteltaschen sind im zivilen Leben tabu. Ebenso sollte das Ding nicht fester Bestandteil der eigenen Silhouette werden. Wer das Gerätchen so innig verehrt, dass es auf Schritt und Tritt gezückt ist, sollte sich mutig an eine gelegentliche Selbstamputation machen. Die gebückte Haltung beim Blick auf das Display, der unsichere Gang beim gleichzeitigen Tippen, das nervöse Wischen auf dem Touchscreen gereichen dem menschlichen Erscheinungsbild dauerhaft nicht zur Zierde.

Noch ein Wort zu Schutzhüllen. Diese sind ohne Zweifel sinnvoll, solange die Gerätchen noch derart anfällig sind. Aber es sei dennoch der Hinweis gestattet, dass die Chance ziemlich gut ist, eine sehr hässliche Hülle zu erwischen, und man das schlankschöne Gerät vom ersten Tag an unter etwas verbirgt, dem man seine schlichte Nutzfunktion deutlich ansieht. Etwas Hochwertiges aus Angst um seine Versehrtheit aber zu verunstalten, ist ein zutiefst kleinbürgerlicher Zug. Man denke nur an Schutzdecken auf dem Fauteuil oder die Ärmelschoner, mit denen Beamte in der Karikatur gerne kenntlich gemacht werden.

Leider kriegen diese Geräte trotz täglicher Benutzung keine solch schöne Patina wie Schusterwerkzeug oder ein Sattel. Aber Arbeitsgerät darf trotzdem als solches kenntlich sein, und die Designer haben ja schließlich viel Arbeit auf seine ursprüngliche Gestaltung verwendet. Einen neuen BMW würde man auch nicht mit Schaumstoff an den Ecken polstern.

Als Kompromiss bieten sich Cases an, die qua Material oder Anmutung einen deutlichen Zugewinn darstellen oder eben eine persönliche Note ihres Besitzers tragen.

Sterben

Der Tod ist die einzige Selbstverständlichkeit, die wir überhaupt nicht verstehen wollen. Egal, ob im Netz oder in der alten Welt, oft genug wird erst darüber nachgedacht, wenn es zu spät ist. Dabei machen gerade die virtuellen Identitäten eine Beschäftigung mit dem unerfreulichen Ereignis notwendig.

Wer in den letzten Jahren in Freundeskreis oder Familie einen Todesfall zu beklagen hatte, wird um die schwierige Frage des Netzlebens des Toten wissen, das ja nun mal ewiglich fortbesteht. So entsteht der makabre Eindruck eines Lebendigseins auf Facebook und Twitter, die diversen Zweigstellen empfangen weiterhin banale Kommentare und, wehe, auch Geburtstagsglückwünsche; Urlaubsfotos werden von Unwissenden kommentiert, und Flashsale-Angebote gehen ein, gültig für 48 Stunden.

Als Angehöriger oder Freund eines Verstorbenen gehört es heute zur Pflicht, auch dessen virtuelle Angelegenheiten zu regeln, zusätzlich zu den behördlichen und gesellschaftlichen Aufgaben, die das Sterben mit sich bringt. Denkbar wäre, eine der virtuellen Kondolenzseiten in Anspruch zu nehmen, um so dem Netzleben des Verstorbenen angemessen Tribut zu zollen und andere Plattformen darauf zu verlinken. Schließlich hatte er ja vielleicht ein ausschließlich virtuelles soziales Umfeld, dem man auf diese Art und Weise die Möglichkeit zum Abschied geben sollte. Auch die Entscheidung, das Facebook-Profil eines Toten im Sinne des Nichtvergessens noch eine Weile zu behalten, ist überlegenswert. Natürlich sollte das Profil dann in angemessener Form bearbeitet sein und ein Platz des Andenkens und nicht geisterhafte Lebenssimulation eines Toten sein.

Um den Hinterbliebenen diese Pflichten zu erleichtern, sollte man selbst testamentarisch – warum nicht – diesbezüglich seine Wünsche festhalten und vielleicht auch offenlegen, wo in den Weiten des Webs Profile und Präsenzen eingerichtet wurden. Auch Hinweise auf geschlossene Kontrakte, eingerichtete E-Mail-Adressen, Mitgliedschaften und laufende Netzaktivitäten ersparen den Hinterbliebenen ein mühsames Stochern und Korrespondieren. Zumal all diese Verbindungen natürlich mit einem Passwort geschützt sind – auch dazu sollte es im modernen Testament ein paar klärende Worte geben.

Wer alles derart wohlsortiert hinterlässt, kann Herrn Knigge aufgeräumt entgegentreten.

AT LEAST
YOU'RE COOL
ON THE
INTERNET

Der Autor

Max Scharnigg wurde 1980 in München geboren und arbeitet als Redakteur für die *Süddeutsche Zeitung*. Er verwöffentlichte das Reisebuch *Hotel Fatal*, die Kolumnensammlungen *Das habe ich jetzt akustisch nicht verstanden* und *Feldversuch*. 2011 erschien sein Romandebüt *Die Besteigung der Eiger-Nordwand unter einer Treppe*, das mit diversen Preisen ausgezeichnet wurde, 2013 der Roman *Vorläufige Chronik des Himmels über Pildau* und 2015 *Die Stille vor dem Biss. Angeln – Eine rätselhafte Passion*.